레트로 게이밍

가이드북

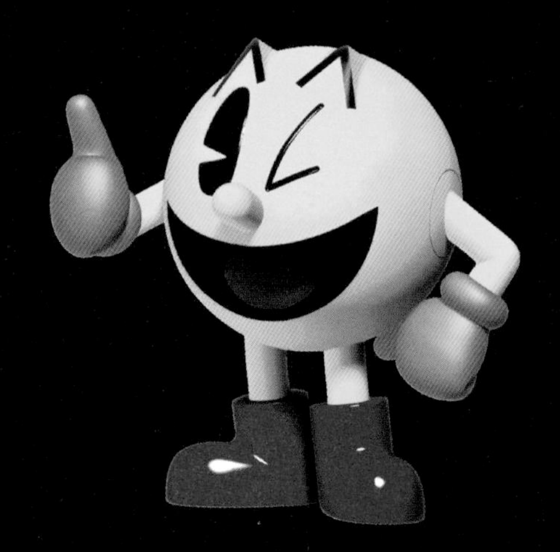

차례

준비됐나요? Player 1.

레트로 게임 세계에 오신 것을 환영합니다!
레트로 게임은 정확히 무엇을 의미할까요? 20세기의 게임을 뜻하는 것일까요?
아니면 사각 블록으로 이루어진 캐릭터가 나오는 오프라인 게임일까요?
여러분, 레트로 게임에는 이보다 더 많은 내용들이 있습니다.

무수히 많은 레트로 게임 중에는 여러분이 아직 플레이하지 못한 명작들이 가득합니다. 그러나 각자에게 맞는 게임을 찾기에는 유사한 스타일의 게임이 많아서 고민이 될 것입니다. 이 책에서는 여러분이 최고의 게임을 찾을 수 있도록 안내하고, 오래된 콘솔뿐만 아니라 최신 기기에서 그 게임을 플레이할 수 있는 방법을 소개합니다.

초창기에 출시된 콘솔은 기술적 한계로 현재 콘솔에 비해 성능이 떨어졌습니다. 하지만 이러한 제약에도 게임 개발자들의 열정은 식지 않았습니다. 개발자들은 수많은 명작들을 만들었고, 그 게임들은 지금까지도 오리지널 버전으로 플레이할 수 있습니다.

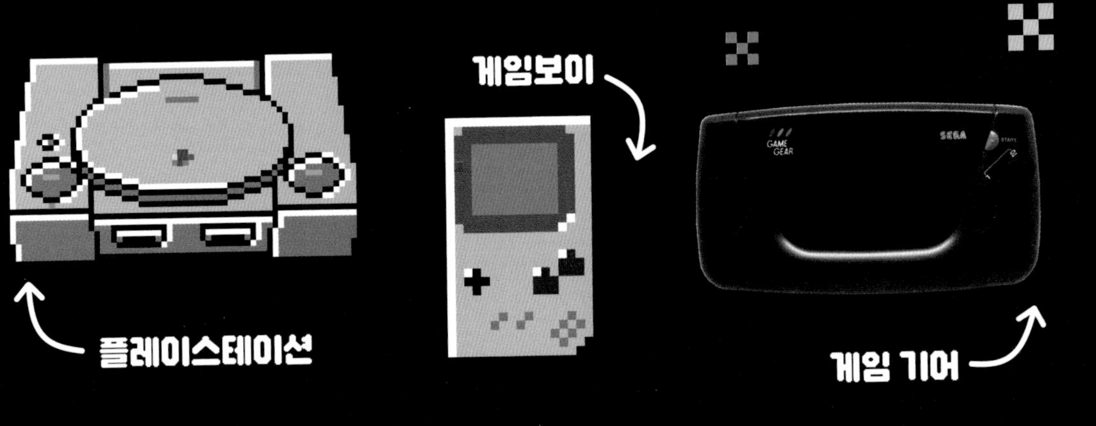

차례를 살펴보면, 이 책이 닌텐도(Nintendo), 세가(SEGA), 소니(Sony)라는 글로벌 게임 회사에 주목했다는 것을 알 수 있습니다. 레트로 게임 분야는 매우 방대하며 수많은 게임들이 출시되었기 때문에, 전 세계적으로 널리 알려진 회사들의 대표작에 초점을 맞춘 것입니다. 그리고 PC 게임이 아닌, TV에 연결해서 즐길 수 있는 콘솔 전용 게임에 중점을 두었습니다.

Player 1. 이제 시작해 볼까요?

알면 좋은 콘솔들

책에서는 상세히 다루지 못했지만, 여러분이 알면 좋은 콘솔들이 있습니다.
아래 콘솔들을 기억한다면 더 즐겁게 레트로 게임을 즐길 수 있을 것입니다.

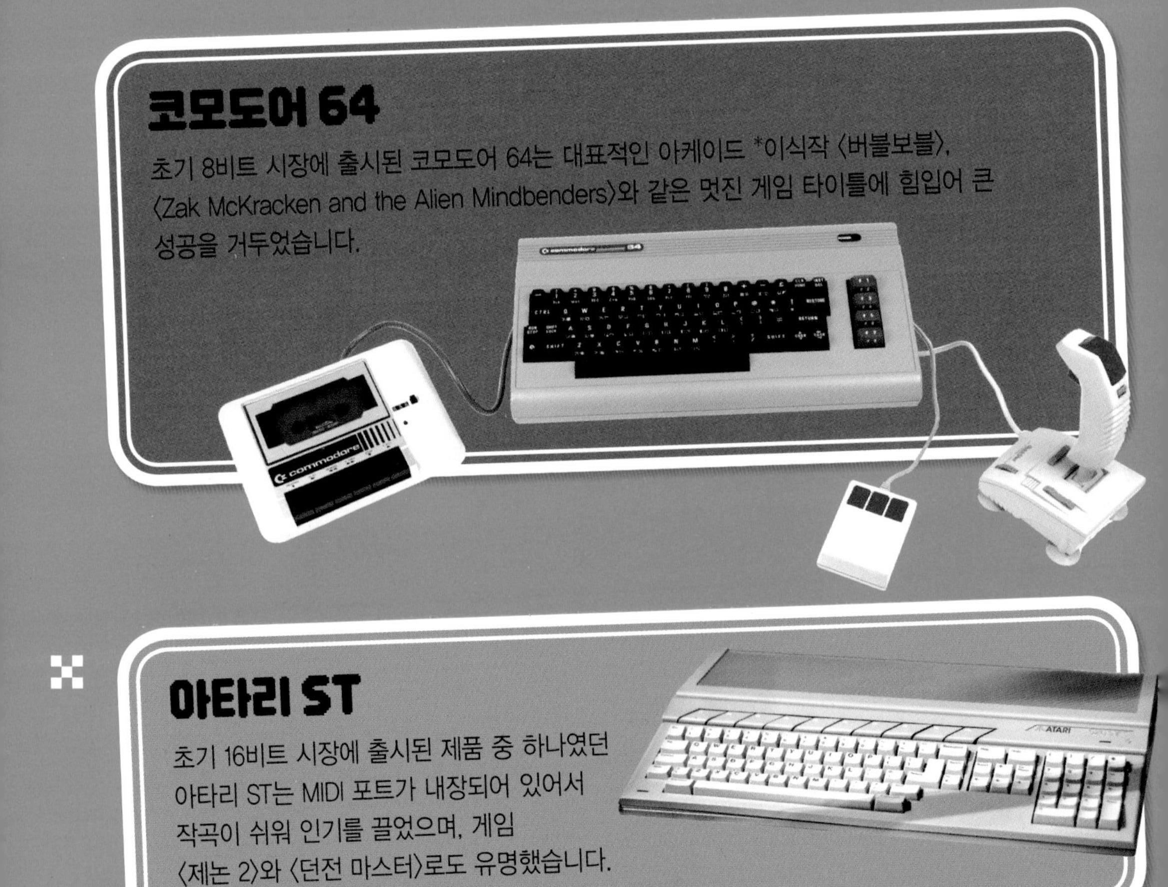

코모도어 64

초기 8비트 시장에 출시된 코모도어 64는 대표적인 아케이드 *이식작 〈버블보블〉, 〈Zak McKracken and the Alien Mindbenders〉와 같은 멋진 게임 타이틀에 힘입어 큰 성공을 거두었습니다.

아타리 ST

초기 16비트 시장에 출시된 제품 중 하나였던 아타리 ST는 MIDI 포트가 내장되어 있어서 작곡이 쉬워 인기를 끌었으며, 게임 〈제논 2〉와 〈던전 마스터〉로도 유명했습니다.

*이식작: 기존에 출시된 게임을 다른 플랫폼으로 옮겨서 재발매한 제품.

아미가

아타리 ST 다음으로 출시된 코모도어의 아미가는 〈Another World〉, 〈Lemmings〉 및 〈원숭이 섬의 비밀〉 등으로 게임 분야에서 선두를 달렸습니다.

네오지오

네오지오는 가장 오랫동안 출시된 아케이드 기판입니다. 〈아랑전설〉, 〈블레이징 스타〉와 같은 게임들이 출시되었지만 가격이 매우 비쌌습니다.

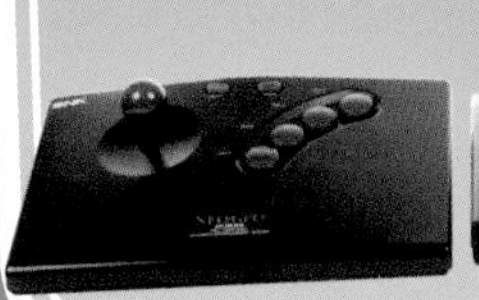

PC 엔진

북미권에서 터보그래픽스-16으로 출시된 PC 엔진은 닌텐도와 세가의 힘에 가려져 큰 인기를 얻지 못했습니다. 그러나 〈그라디우스〉, 〈갤러그 '88〉, 〈R-TYPE〉과 같은 진행형 슈팅 게임을 즐길 수 있습니다.

세가새턴

플레이스테이션과 닌텐도 64의 경쟁 기종으로 개발되었습니다. 출시 당시 3D 개발에 집중하던 타 회사와 달리, 세가새턴은 2D에 집중했습니다. 여전히 플레이하기 좋은 게임들이 있는데 대표적으로 〈세가 랠리 챔피언십〉과 〈엑스맨 VS 스트리트 파이터〉가 있습니다.

이처럼 레트로 게임 기기는 여러 회사에서 개발되었습니다. 레트로 게임을 더 잘 이해하기 위해서는 가정용 콘솔 외에 아케이드 기기에 대해서도 알아야 합니다. 지금부터 아케이드 게임기가 어떻게 게임 혁명을 일으키게 되었는지 알아보도록 합시다.

아케이드 타임라인

아케이드 게임기는 하나의 게임을 재생하는 기기로, 게임을 계속 즐기려면 동전이 많이 필요해서 동전 오락기라고도 불렸습니다. 우리나라에서는 PC방이 대세를 이루기 전에 많은 사람들이 오락실에서 아케이드 게임을 즐겼습니다.

전성기

1970년대 후반~1980년대 초반

〈PAC-MAN〉, 〈동키콩〉, 〈SPACE INVADERS〉 등이 출시된 후, 전 세계에서 아케이드 게임 열풍이 일어났습니다. 이로 인해 전국의 오락실은 동전이 게임기 속으로 들어가는 소리로 가득 찼습니다.

아케이드 게임기는 독특한 컨트롤러(롤러볼, 핸들바, 라이트 건)를 갖추고 있었으며, 일부 레이싱 게임에서는 앉아서 조종할 수 있는 드라이빙 카 시트와 모터바이크를 갖추기도 했습니다.

광선검 안의 포스가 강하지 않구나!

1980년대를 대표하는 영화 〈스타워즈〉 속 제다이 마스터인 요다. 그의 이름이 확정되기 전, 후보 이름 중 하나가 버피였다고 합니다.

경쟁 시대

1980년대

가정용 콘솔이 등장하면서 아케이드 게임 시장에는 〈After Burner〉, 〈Super Hang-On〉, 〈OutRun〉 등 최고의 게임들이 출시되어 서로 경쟁했습니다.

최초의 휴대 전화

1980년대 초에 등장한 모토로라 다이나택은 최초의 휴대 전화로, 무게가 약 2킬로그램이었으며, 30개의 번호만 저장할 수 있었고, 완충 시 30분 동안 통화할 수 있었습니다.

대 격투 시대

1990년대

이 시기에는 훌륭한 격투 게임들이 아케이드 게임 시장을 지배했습니다. 여기에는 레전드 게임인 〈스트리트 파이터 II〉와 〈모탈 컴뱃〉이 있습니다.

킹 오브 콩

아케이드 게임의 경쟁 시대가 궁금하다면 영화 〈킹 오브 콩〉을 추천합니다. 이 영화는 교사인 스티브 위브가 25년간 깨지지 않았던 게임 〈동키콩〉의 최고 기록을 깨기 위해 도전하는 모습을 담고 있습니다.

3D와 그 너머의 세상

1990년대 중반부터 말기

3D 그래픽의 등장은 〈Daytona USA〉와 〈크레이지 택시〉 같은 레이싱 게임뿐만 아니라 〈댄스 댄스 레볼루션(DDR)〉과 같은 리듬 게임 열풍을 불러일으켰습니다.

진실은 언제나 어딘가 존재한다!

1990년대 인기 장난감인 퍼비는 순진하게 생겼습니다. 그러나 많은 사람들은 퍼비가 자신들을 감시하거나 아이들에게 욕설을 가르치고, 비행 장비에 영향을 준다고 믿었습니다. 물론 퍼비는 단순한 장난감일 뿐입니다.

퍼비

이 책에는 아케이드 전성기를 이끈 게임들을 소개하고 있습니다. 가정용 콘솔 기기의 등장으로 클래식 아케이드 게임들을 집에서도 즐길 수 있습니다.

PAC-MAN

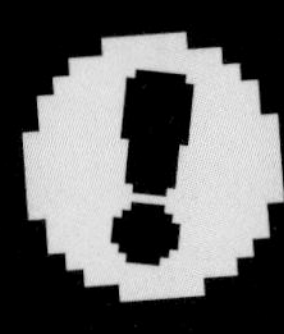

어떤 게임일까요?

팩맨은 마리오와 소닉 등 아케이드 게임을 대표하는 게임 캐릭터들 중에서 가장 먼저 등장한 캐릭터입니다. 둥근 모양의 노란색 캐릭터는 끝없이 먹고 유령을 두려워하지 않습니다.

팩맨의 움직임은 단순합니다. 미로 안에서 이리저리 돌아다니며 네 마리의 유령을 피해서 쿠키를 다 먹어야 합니다. 커다란 쿠키를 먹으면 유령을 잡아먹을 수 있는 파워를 얻습니다. 미로 안의 쿠키를 모두 먹으면 새 미로로 이동합니다. 이렇게 다른 미로, 또 다른 미로로 이동하면서 게임이 진행됩니다.
〈PAC-MAN〉에서는 게임 스테이지별 공략뿐만 아니라 유령들이 미로에서 어떻게 움직이는지 파악하는 것이 중요합니다. 빨간 유령 블링키는 팩맨을 쫓아다니는 유령입니다. 분홍 유령 핑키는 매복을 좋아합니다. 초록색 유령 잉키는 블링키와 함께 다니며 팩맨을 방해합니다. 노란색 유령 클라이드는 어수선하게 돌아다니는데, 오히려 팩맨이 너무 가까이 다가오면 도망칩니다.
처음에는 모든 유령의 특징을 생각하면서 미로를 이동하는 것이 어렵지만 플레이하다 보면 자연스럽게 익숙해집니다.
〈PAC-MAN〉은 중독성 있고 아무 때나 즐길 수 있는 재미있는 게임입니다.

<PAC-MAN>의 네 유령 블링키, 핑키, 잉키, 클라이드를 만나 보세요.

빠르게 진행되는 상황에서 쿠키를 먹고 유령을 피하세요!

플레이할 수 있는 방법

★★★☆☆

iOS, 안드로이드

〈PAC-MAN〉의 앱 버전을 다운로드하면 스마트폰으로 언제 어디서나 쿠키를 먹는 재미를 느낄 수 있습니다.

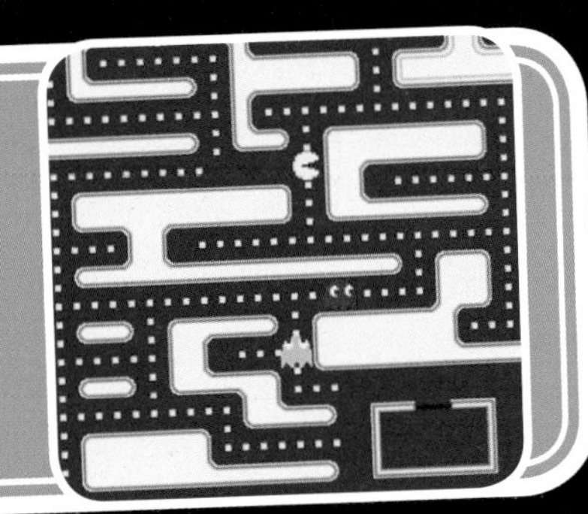

★★★★★

플레이스테이션 4 & 5, Xbox One, 닌텐도 스위치

〈PAC-MAN CHAMPIONSHIP EDITION 2〉는 3D 그래픽과 업그레이드된 게임 플레이 및 다양한 플레이 모드를 자랑합니다.

원작 게임이 출시된 초창기에는 프로그래밍 결함 때문에, 레벨 256까지만 게임을 진행할 수 있었고 완전히 클리어할 수 없었다고 합니다.

동키콩

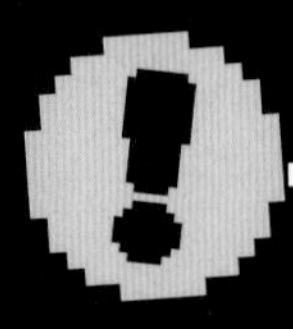

어떤 게임일까요?

비상사태! 거대한 고릴라가 점프맨의 여자 친구를 납치한 뒤,
그녀를 구하러 온 점프맨에게 무작위로 물건을 던지고 있습니다!
여기가 바로 <동키콩>의 세계입니다.

점프맨(훗날 마리오가 됨)은 막대기를 뛰어넘고 불덩이를 피하고 사다리를 오르내리면서 플랫폼 꼭대기에 도달해야 합니다. 점프맨이 꼭대기에 오르면 거대한 고릴라 동키콩이 점프맨의 여자 친구 폴린을 데리고 다음 스크린으로 달아납니다. 〈동키콩〉은 지금도 플레이하기 매우 어려운 게임입니다. 장애물과 여러 위험 요소들을 피하려면 정확한 타이밍이 필수입니다. 게다가 마구잡이로 장애물이 날아오기 때문에 '킬 스크린'에 도달하려면 엄청난 스킬과 노력이 필요합니다. 그럼에도 불구하고 이 게임은 강한 중독성을 가지고 있습니다.

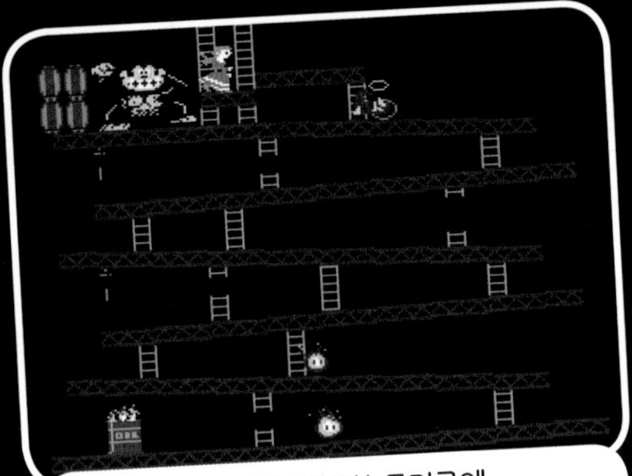

여러분은 강력한 동키콩에 맞서 싸울 용기가 있나요?

플레이할 때 날아오는 장애물을 조심하세요!

플레이할 수 있는 방법

닌텐도 클래식 미니 시리즈

더 이상 오락실에서 〈동키콩〉을 즐길 필요가 없습니다.
여러분의 집에서 탈출한 거대 고릴라를 추적할 수 있습니다.

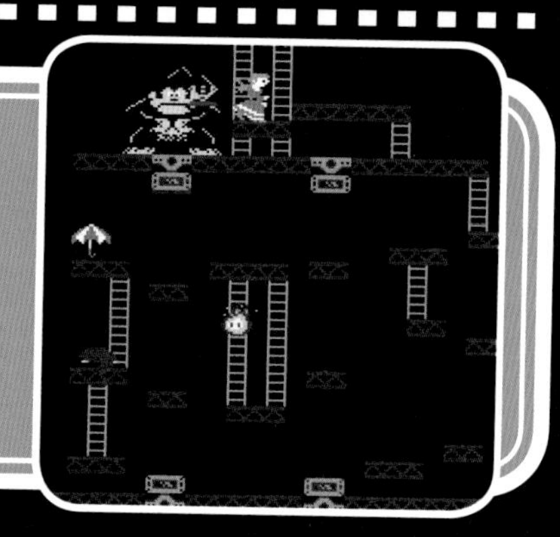

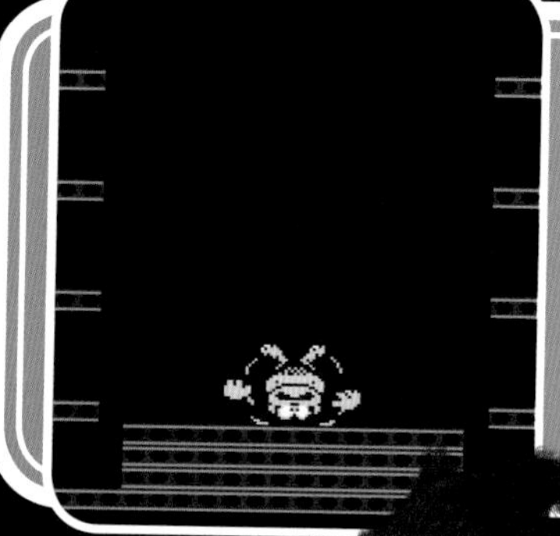

닌텐도 스위치 온라인

닌텐도 스위치 온라인에서 오리지널 버전을 플레이할 수 있을 뿐 아니라 〈동키콩 컨트리〉 시리즈도 찾을 수 있습니다. 동키콩은 다양한 닌텐도 콘솔에 등장하고 있습니다.

〈동키콩〉은 플레이어가 레벨 22에 도달하면, 프로그래밍 오류 때문에 4초 후에 게임이 멈추는 '킬 스크린' 현상이 발생했다고 합니다. 아이러니하게도 이 오류가 게임 고수임을 증명하는 상징이 되었습니다.

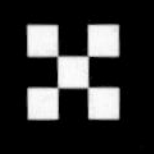

Paper Boy

어떤 게임일까요?

거친 거리를 다니며 신문을 배달하는 한 소년이 있습니다.
그 소년이 바로 페이퍼 보이입니다!

만약 여러분이 게임 개발자에게 '동요를 부르며 물건을 배달하는 게임'에 대한 아이디어를 제안한다면 아마도 좋은 반응을 얻기는 어려울 것입니다. 하지만 자전거를 타고 신문을 던지는 어린 소년을 주인공으로 하면 어떨까요?
당시에는 이런 요소들이 게임을 성공시켰습니다.
〈Paper Boy〉는 등장하자마자 아케이드 게임 시장에서 명성을 떨쳤습니다.

〈Paper Boy〉는 단순하게 신문을 배달하는 게임이 아닙니다. 신문 구독자들에게 신문을 배달하면서 자전거 페달을 빠르게 밟는 것 외에도, 구독하지 않는 사람들에게는 구독을 권유해야 합니다. 또, 자전거를 타며 잔디 깎는 기계, 강아지, 타이어 등 장애물을 피해야 합니다.
플레이 방식과 게임 그래픽은 단순하지만 독특한 재미 요소가 섞여 매우 매력적인 게임입니다.

모든 신문을 완벽하게 배달하면
점수가 두 배가 됩니다!

자전거를 타고 적극적으로 움직이세요!

플레이할 수 있는 방법

레트로 평점 ★★★☆☆

iOS

〈Paper Boy〉는 수년 동안 다양한 콘솔에서 출시되었습니다. 앱 스토어에서는 〈Paper Boy Race: 3D 런 레이스 게임〉이 출시되었습니다. 이 버전은 3D 시뮬레이터의 생동감 넘치는 그래픽과 눈을 뗄 수 없는 자전거 레이싱이 특징입니다.

오리지널 아타리 아케이드 게임기에는 컨트롤러 대신 핸들바가 있었습니다. 진짜 자전거와 다르게 앞으로 밀면 속도를 내고 뒤로 당기면 브레이크가 작동합니다. 한쪽에는 우편함에 신문을 발사하는 버튼도 있었습니다.

SPACE INVADERS

어떤 게임일까요?

**수많은 게임 디자이너들에게 영감을 주었던 게임으로
외계인과 싸우는 슈팅 게임의 원조입니다!**

〈SPACE INVADERS〉는 가정용 콘솔에서 라이선스를 받은 최초의 아케이드 게임입니다. 플레이어는 대공포를 조작해서 다섯줄로 등장하는 55마리의 외계인 군단을 격파해야 합니다. 스테이지를 클리어하면 더욱 교활한 외계인 55마리가 등장합니다.

이 게임도 이전의 레트로 게임들과 마찬가지로 단순한 게임 메커니즘을 가지고 있어서, 플레이어는 대공포를 조종할 때 좌우로만 움직일 수 있습니다. 외계인 그래픽은 블록 형태로 되어 있는데, 이러한 디자인은 현재까지도 인기가 많은 모델입니다.

스크린 아래쪽에 외계인들이 닿으면 게임이 끝나기 때문에 공격을 멈추면 안 됩니다.

외계인들은 수가 줄어들수록 점점 더 빠르게 움직입니다!

플레이할 수 있는 방법

iOS, 안드로이드

스마트폰 유저들을 위해 두 스토어에서
아케이드 클래식 게임이 발매되었습니다.
외계인을 더욱 빠르게 조준해 제거하세요.

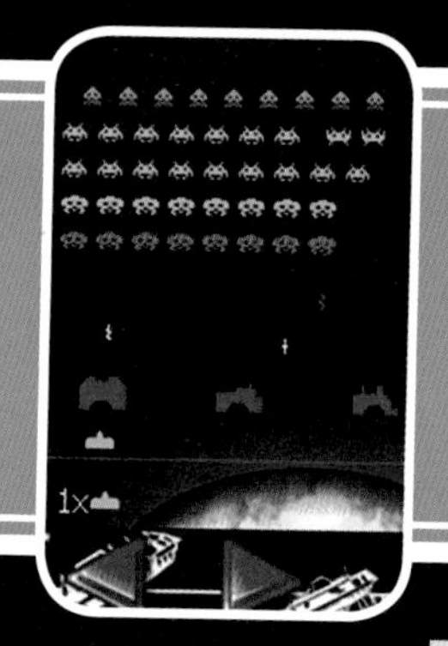

닌텐도 스위치, 플레이스테이션 4

닌텐도 스위치 또는 플레이스테이션 4에서 새롭게 만나 보세요!
〈SPACE INVADERS INVINCIBLE COLLECTION〉에서는 흑백 버전부터
노래와 춤까지 모두 즐길 수 있습니다.

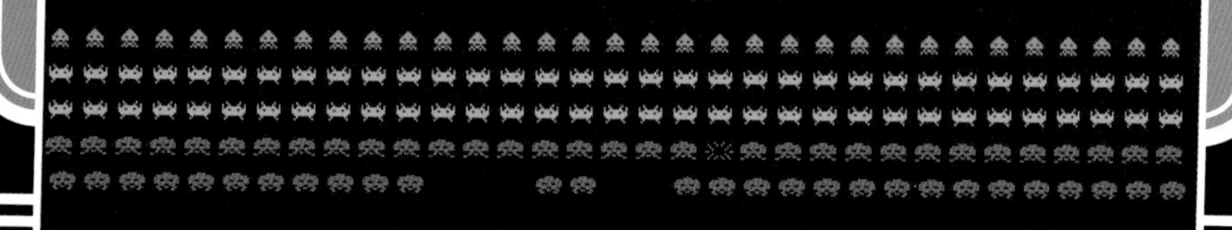

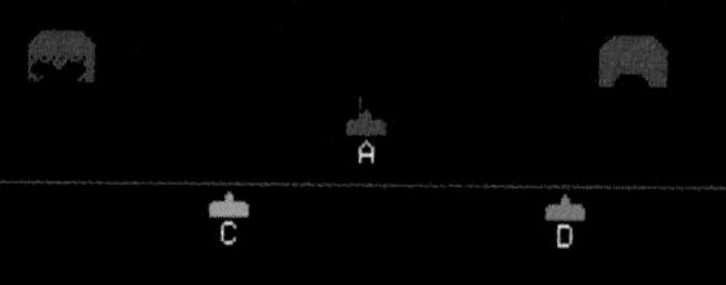

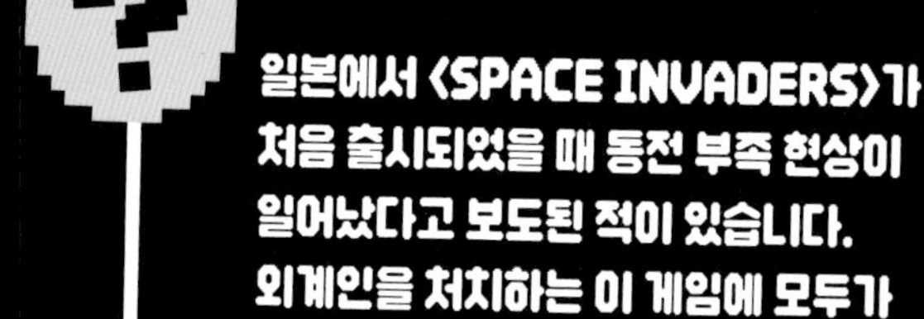

**일본에서 〈SPACE INVADERS〉가
처음 출시되었을 때 동전 부족 현상이
일어났다고 보도된 적이 있습니다.
외계인을 처치하는 이 게임에 모두가
중독됐던 게 아닐까요?**

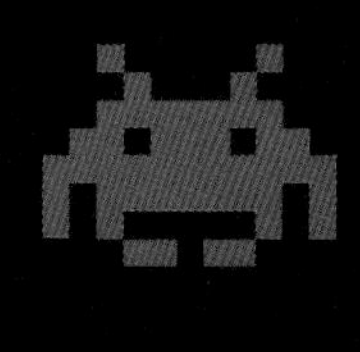

Marble Madness

어떤 게임일까요?

히어로, 군대, 혹은 거대한 우주선을 조종하는 것이 일반적이었던 게임 시장에서 아타리는 단 하나의 구슬로 충분히 세계의 관심을 끌 수 있다고 판단했습니다. 믿을 수 없게도 그들의 예상은 맞았습니다!

〈Marble Madness〉는 레이스와 미니어처 골프 게임의 플레이 스타일을 결합한 게임입니다. 플레이어는 제한 시간 내에 다양한 장애물과 어려운 지형을 통과하면서 구슬을 이동시켜야 합니다. 또는 두 명의 플레이어가 함께 경쟁하면서 결승선을 향해 달려갈 수도 있습니다.
〈Marble Madness〉는 조이스틱 대신 트랙볼을 사용해야 하는데 이런 방식으로 조작하다 보면 플레이어는 구슬의 마음을 이해하게 됩니다.
이 게임은 6개의 스테이지로 이루어져 있고, 마지막 스테이지까지 클리어하면 게임이 종료됩니다.
한 번 플레이하기 시작하면 재미있어서 한 번만 클리어하는 것으로는 충분하지 않다고 느낄 것입니다!

이 게임의 컨트롤은 매우 간단합니다. D-패드만 있으면 됩니다!

플레이할 수 있는 방법

Xbox One

〈Midway Arcade Origins〉는 원래 Xbox 360에서 출시되었고, 이후 역-호환 프로그램을 통해 Xbox One에서도 플레이할 수 있게 되었습니다. 이 게임은 〈Marble Madness〉를 비롯하여 총 30개의 클래식 아케이드 게임을 수록했습니다. 그러나 패키지에 포함된 일부 다른 게임들은 청소년 이용 불가 등급을 받았습니다.

1990년대에 후속작이 개발되었지만 초기 테스트 결과가 좋지 않아 생산되지 않았습니다.

아타리 타임라인

닌텐도와 세가가 등장하기 전에는 아타리가 있었습니다.
아타리의 클래식 게임들은 가정용 콘솔 유행에 큰 영향을 미쳤습니다.

아타리 2600, 5200, 7800

1970년대 후반부터 1990년대 초반까지 아타리의 가정용 콘솔인 2600과 5200, 그리고 7800이 전 세계 게이머들의 마음을 사로잡았습니다.

1977-1992

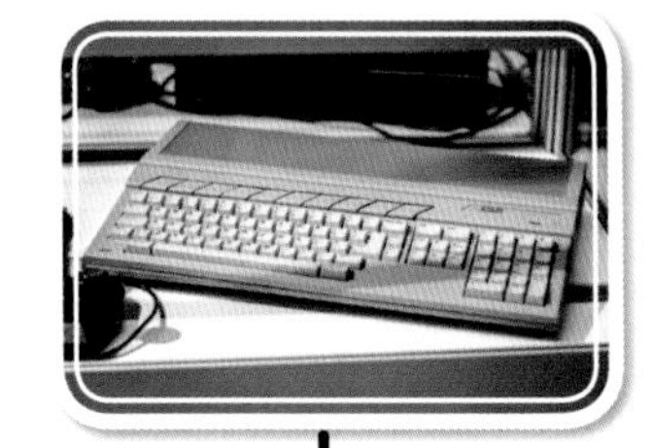

1974

아타리 홈 퐁

'비디오 게임의 할아버지'로 불리는 이 기기가 출시되면서 모든 것이 변했습니다!

1985-1993

아타리 ST

아타리 ST는 아타리의 대표작으로, 다양한 게임을 출시하며 많은 사람들에게 인기를 끌었습니다.

웹 슬링거

1990년, 컴퓨터 과학자 팀 버너스-리가 최초의 웹 브라우저를 개발하여 월드 와이드 웹의 기반을 마련했습니다.

컬러풀한 그래픽

콘솔의 성능이 향상됨에 따라 색상 팔레트가 점점 더 다양해졌습니다. 아타리 2600의 개발자들은 128가지 색상을 사용할 수 있었지만, 16비트 시대에서는 메가 드라이브가 512가지 색상을 사용했습니다. 이후 슈퍼 패미컴은 32,768가지 색상을 사용해 메가 드라이브를 압도했습니다!
32비트 콘솔은 백만 가지 이상의 색상을 사용하였습니다.

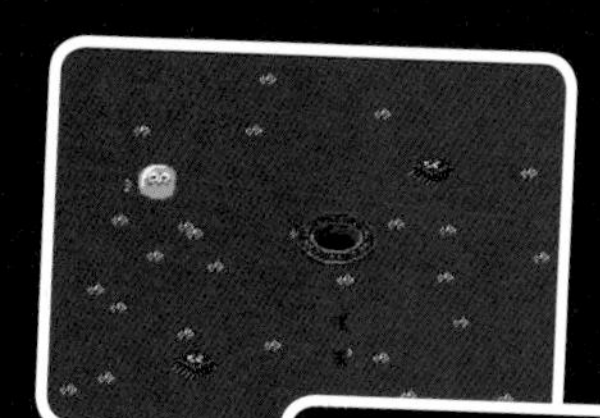

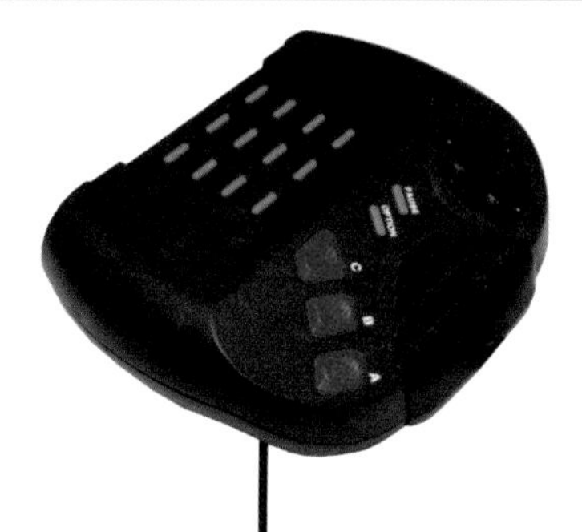

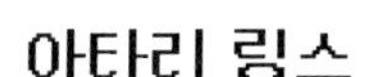

컬러 스크린이 장착된
휴대용 게임기를 통해
아타리도 휴대용 게임기
혁명에 함께했습니다.

1989

1993

아타리 재규어는 여러 훌륭한 게임들이
출시되었지만, 플레이스테이션의 인기에
물러나는 등 어려움을 겪었습니다.

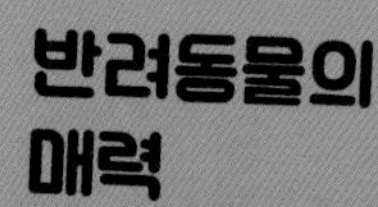

디지털 반려동물로
다마고치를 소개합니다.
다마고치는 1990년대에
등장한 아이들을 위한
시뮬레이션 게임으로,
반려동물을 돌보는 즐거움을
제공했습니다.

회전하는 수수께끼

루빅스 큐브는 1970년대 후반~1980년대 초반에 전 세계적으로 대성공한 트위스티 퍼즐로, 2000년대 이후부터 현재까지 인기를 끌고 있습니다. 이 블록은 헝가리의 교수인 루비크 에르뇌가 발명하여 루빅스 큐브라고 불렸고, 현재는 3×3×3 큐브로 불리고 있습니다.

Adventure

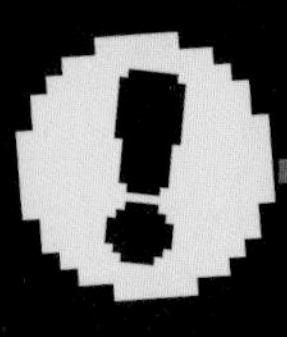

어떤 게임일까요?

<Adventure>에는 성, 성배, 열쇠, 드래곤, 박쥐가 등장합니다!
외로워 보이는 사각형 아바타를 조종하지만,
잊지 못할 모험을 경험할 수 있습니다.

아타리 2600 시대의 프로그래머들은 제한적인 프로그램 환경에서 창의적인 게임을 만들기 위해 노력했습니다. 그중 〈Adventure〉는 플레이어에게 놀랍도록 광활한 세계를 탐험할 수 있는 기회를 제공합니다.
플레이어의 목표는 악마의 마법사로부터 마법의 성배를 되찾아 황금 성으로 다시 가져오는 것입니다. 플레이어의 상대로는 세 마리의 드래곤 요글, 그런델, 레아그와 불안한 상태의 박쥐들이 있습니다. 이곳저곳을 돌아다니며 탐색하고 퍼즐을 풀며 열쇠와 같은 물체를 찾아보세요. 여러분이 플레이하는 캐릭터는 단순한 네모 캐릭터이지만, 각 스테이지는 독창적이고 도전적이며 기억에 남는 경험을 선사할 것입니다.

다양한 열쇠 중 하나를 찾아 성을 열면, 그 성은 플레이어의 것이 됩니다!

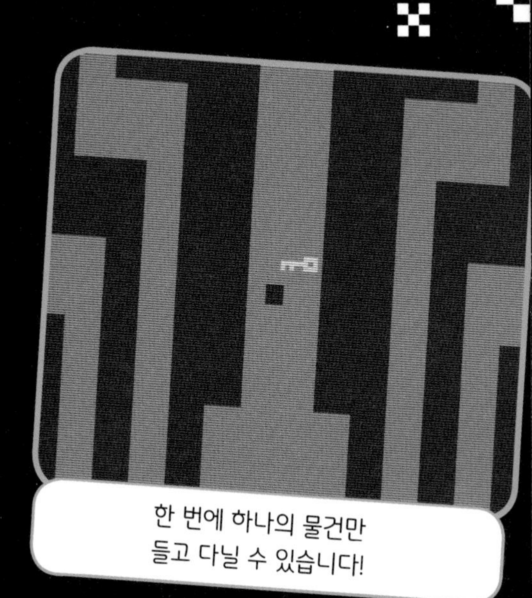

한 번에 하나의 물건만 들고 다닐 수 있습니다!

플레이할 수 있는 방법

플레이스테이션 4, Xbox One, 닌텐도 스위치

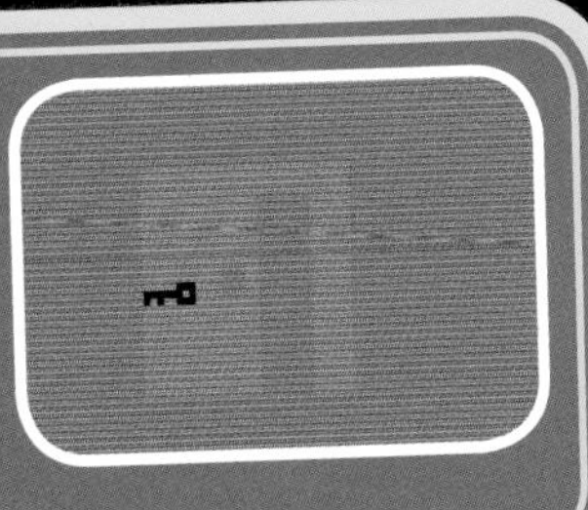

〈Atari Flashback Classics〉을 통해 클래식 게임 시대로 돌아가 보세요. 〈Adventure〉를 비롯한 다양한 아타리 게임들이 재현되어 있습니다.

레트로 평점
★★★★★

에버케이드

에버케이드는 영국에서 출시된 레트로 게임 전용 기기로 〈Adventure〉의 후속 버전이 포함된 아타리 컬렉션 시리즈가 발매되었습니다.

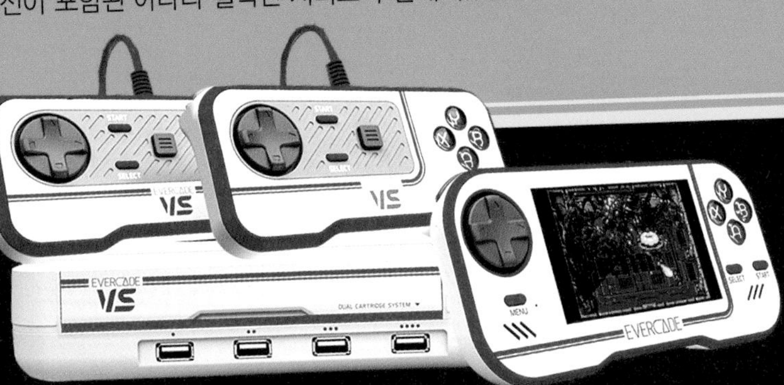

〈Adventure〉 개발자인 워렌 로비넷이 게임에 숨긴 이스터 에그(맵 안에 숨겨진 비밀)**가 발견된 후 비디오 게임에서 이스터 에그를 숨기는 것이 대중화되었습니다. 특히 이 이스터 에그는 책과 영화 〈레디 플레이어 원〉에 등장하여 현재까지 계속해서 사랑받고 있습니다.**

Missile Command

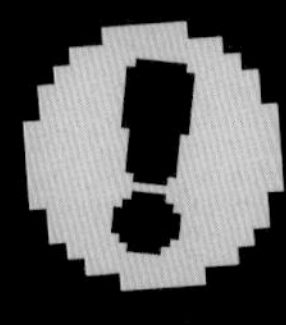

어떤 게임일까요?

**불로 불을 끌 수는 없지만, 미사일로 미사일을 격추할 수는 있습니다.
이제 지휘관의 자리에 앉아 국제 전쟁에 돌입하세요!**

〈Missile Command〉는 판타지 세계를 기반으로 한 게임이 대부분이었던 시기에 등장한 게임으로, 여기에는 현실적인 요소가 반영되어 있습니다. 아케이드 버전에서는 트랙볼을 사용하여 탄도탄 요격 미사일을 발사하고 하늘에서 날아오는 대량의 탄도 미사일을 막아 도시를 방어했습니다. 그 후 아타리 2600 버전에서는 행성 자돈에서 크라이톨의 공격을 막는 내용으로 변경되었습니다. 이 게임은 빠르고 치열한 플레이가 특징으로, 끝없이 몰려오는 공격을 막기 위해 빠른 반사 신경과 정밀한 사격을 요구합니다. 타이틀만 보면 전략 게임처럼 보이지만, 〈Missile Command〉는 총알 슈팅 장르의 모든 것을 집대성한 게임입니다.

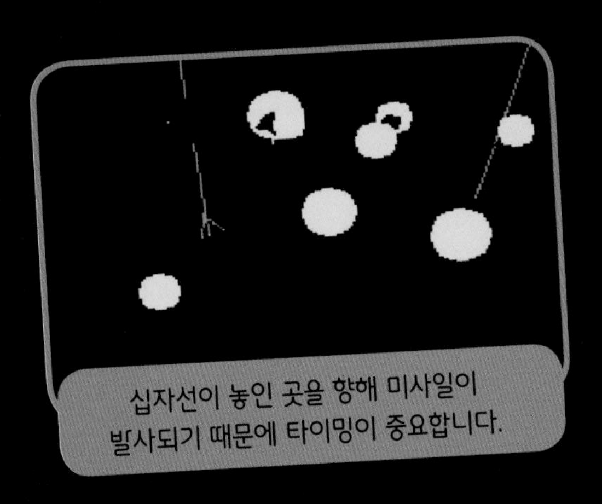

십자선이 놓인 곳을 향해 미사일이 발사되기 때문에 타이밍이 중요합니다.

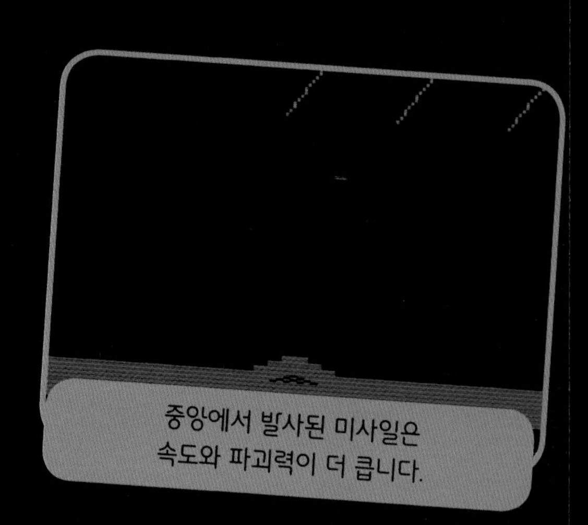

중앙에서 발사된 미사일은 속도와 파괴력이 더 큽니다.

플레이할 수 있는 방법

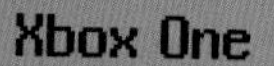

레트로 평점 ★★★★★

Xbox One

Xbox One으로 온라인에서 접속하면 〈Missile Command〉의 업그레이드 버전을 플레이할 수 있습니다. 이 버전은 클래식한 게임 플레이에 현대적인 사운드와 그래픽이 더해졌습니다.

레트로 평점 ★★★★☆

iOS, 안드로이드

아타리는 모바일 기기용 〈Missile Command: Recharged〉를 출시했습니다. 기본적인 플레이는 동일하지만, 터치스크린에 맞도록 조정되었습니다.

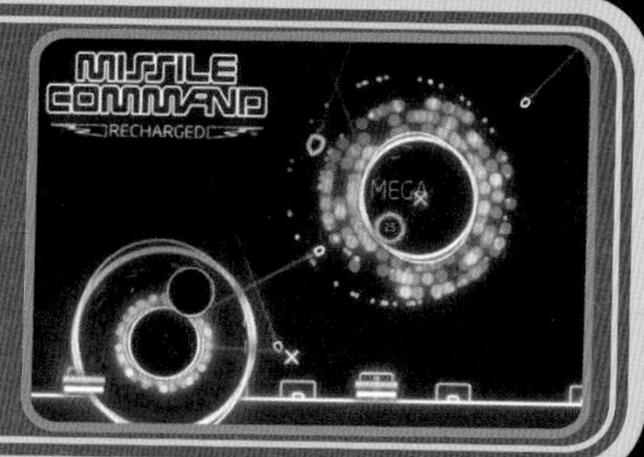

2011년에 한 영화 스튜디오가 〈Missile Command〉를 원작으로 한 영화의 판권을 인수했지만, 아직 해당 영화가 만들어지지 않은 상태입니다.

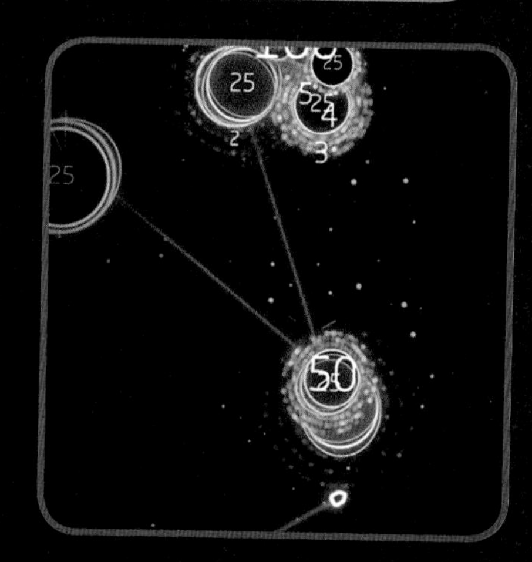

Super Breakout

어떤 게임일까요?

가끔은 공 한 개와 패들, 그리고 끊임없이 부딪힐
벽돌만 있으면 즐겁지 않을까요?

1970년대 후반 〈Breakout〉이 아케이드 게임 시장에서 대성공을 거두었는데, 그 후속으로 탄생한 것이 〈Super Breakout〉입니다. 이 게임은 패들을 조종하여 공을 벽에 튕겨서 벽돌을 부수고 깨면 됩니다. 한 라운드가 끝나면 다음 라운드로 넘어갑니다. 〈Super Breakout〉의 플레이 모드에는 더블, 캐비티, 프로그레시브 모드가 있습니다.
더블 모드는 두 개의 공과 패들을 다루는 것이고, 캐비티 모드는 벽돌 안에 갇혀 있는 두 개의 공을 해방시키는 것입니다. 그리고 프로그레시브 모드는 벽돌이 스크린 아래로 점점 움직여 플레이어에게 압박감을 줍니다.
게임 플레이 측면에서 〈Super Breakout〉은 다양성은 부족하지만, 〈테트리스〉처럼 중독성이 크기 때문에 시간 가는 줄 모르고 게임에 빠질 수 있습니다.

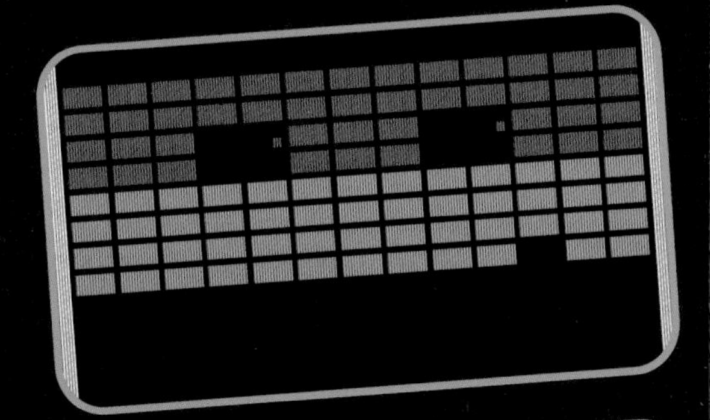

공을 벽돌에 튕기는 게임은 가장 간단한 게임의
형태 중 하나이지만 무척 재미있습니다!

플레이할 수 있는 방법

iOS

오리지널 게임을 경험하고 싶다면 앱 스토어에서 〈Breakout: Boost〉를 찾아보세요. 아타리는 그래픽과 사운드를 향상시키고 플레이 기능을 추가하여 새로운 버전을 만들었습니다.

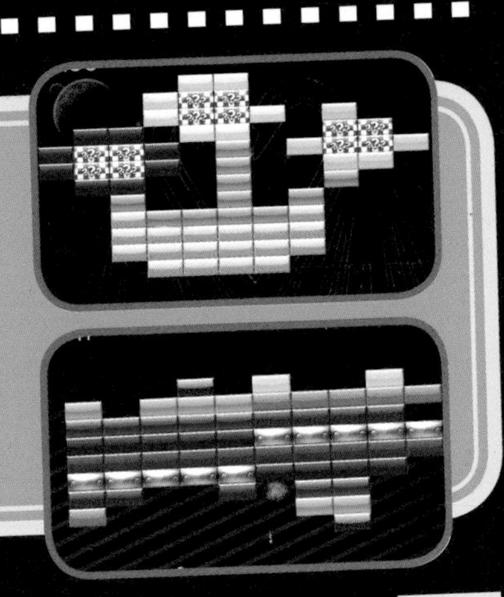

Xbox One, 플레이스테이션 4

〈Atari Flashback Classics〉 시리즈는 〈Super Breakout〉을 오리지널 형태로 제공할 뿐만 아니라 멀티플레이와 온라인 모드가 추가된 형태로도 즐길 수 있습니다.

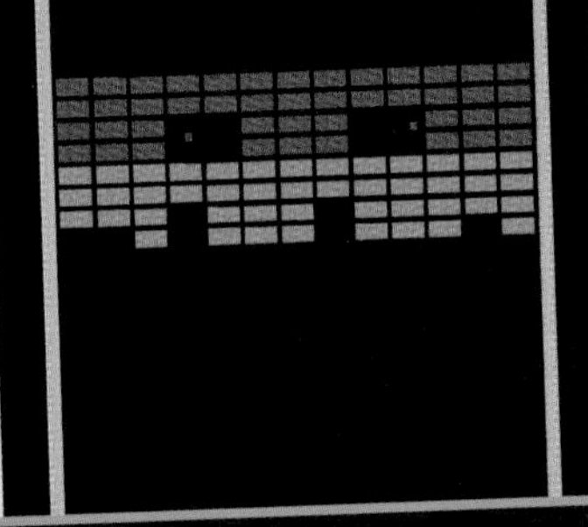

애플의 최고 경영자였던 스티브 잡스가 과거 아타리에 고용되었을 때 또 다른 애플의 전설적인 인물인 스티브 워즈니악과 함께 밤낮을 새워 이 게임을 완성했다고 합니다.

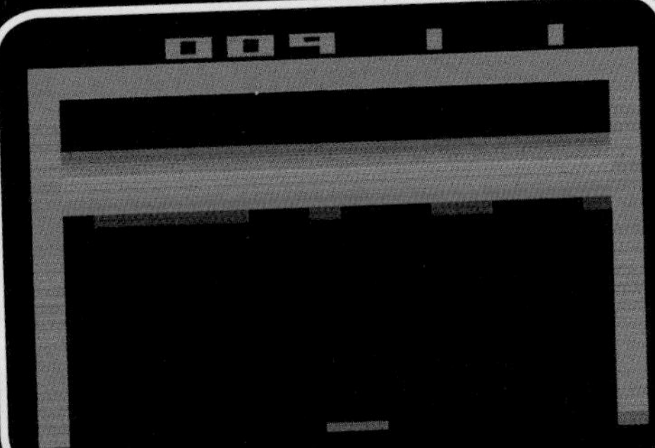

CHOPLIFTER!

어떤 게임일까요?

여러분, 이제는 헬리콥터에 탑승하고 인질을 구출할 시간입니다!

적군의 수용소에 잡혀 있는 인질을 구출하고 헬리콥터를 조종할 준비가 되었나요? 〈CHOPLIFTER!〉는 파일럿이 되어 헬리콥터를 타고 즐기는 게임입니다. 이 게임의 특징 중 하나는 헬리콥터를 조종하면서 총을 쏠 수 있는 기능입니다. 이 기능은 게임의 질을 한층 더 높여 주었습니다.

게다가 플레이어는 악당들을 물리치고 인질을 구출하는 미션을 클리어해야 합니다. 따라서 다양한 적들에게 총격을 퍼부을 때, 인질이 다치지 않고 적들만 공격할 수 있는 정밀한 조작 능력이 요구됩니다.

여러분이 공중에 떠 있는 동안에만 적을 공격할 수 있다는 것을 명심하세요!

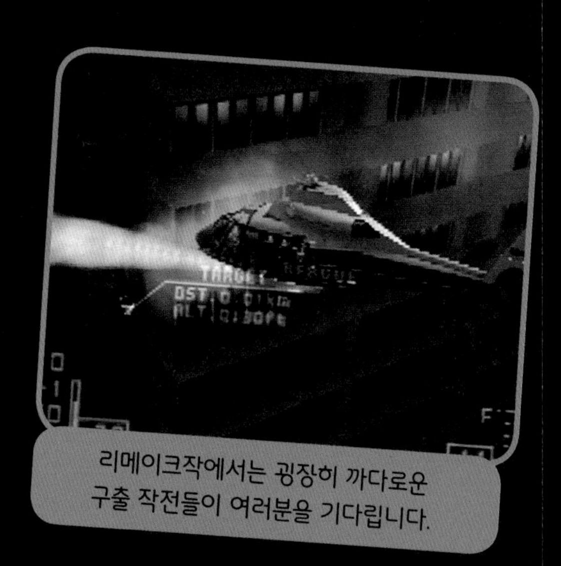

리메이크작에서는 굉장히 까다로운 구출 작전들이 여러분을 기다립니다.

플레이할 수 있는 방법

Xbox 360, 플레이스테이션 3

Xbox 360과 플레이스테이션 3에 업그레이드된 그래픽과 게임 플레이를 즐길 수 있는 HD 버전이 있습니다.

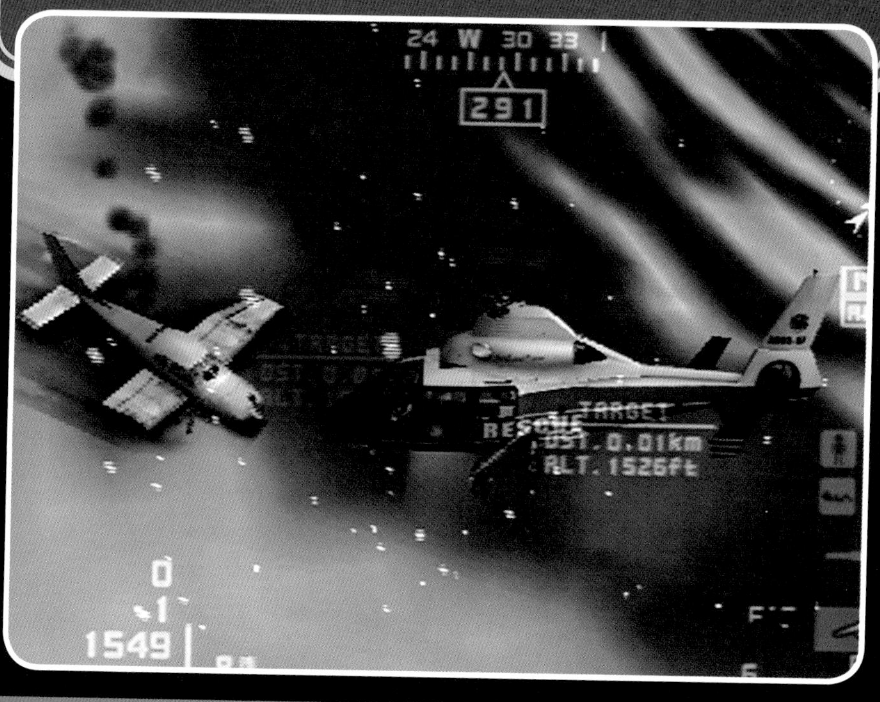

1980년대 초에는 많은 게임들이 아케이드 기기에서 먼저 출시되고, 후에 가정용 콘솔로 출시되었습니다. 그러나 <CHOPLIFTER!>는 특이하게도 가정용 콘솔에서 먼저 출시되었습니다.

Centipede

어떤 게임일까요?

**지금까지는 슈팅 게임에서 외계인이나 적군이 대상이었다면,
<Centipede>에서는 지네가 공격 대상입니다.
그럼 이제 사격을 시작하세요!**

그래픽만 본다면 〈Centipede〉는 쉽게 클리어할 수 있는 게임으로 보일 것입니다. 공격 대상인 지네는 맵 위쪽에서부터 버섯 더미를 왔다 갔다 하며 아래로 내려옵니다. 플레이어는 버그 블래스터를 조작하여 지네를 제거해야 합니다.
그러나 이 게임은 결코 단순하지 않습니다. 플레이어가 지네의 양쪽 끝부분인 머리 또는 꼬리를 쏘면 조각 하나가 사라지지만, 가운데 부분인 몸통을 쏘면 지네가 두 마리로 분리됩니다. 플레이어는 지네 외에도 돌아다니는 거미, 벼룩, 전갈을 없애야 합니다.
게임 플레이는 개방된 필드가 아닌 버섯이 흩뿌려진 맵 안에서 진행되므로 효율적으로 사격하는 것이 어렵습니다. 게다가 버섯 하나를 없애는 데에 네 발의 총알이 필요합니다. 이 게임은 여러 장애물 때문에 클리어하기 까다로울 수 있습니다.

맵을 가로질러 다니는 지네가
점점 더 아래로 내려옵니다

거미는 지그재그로 움직이면서 가끔씩
버섯 몇 개를 먹어 치우기도 합니다.

플레이할 수 있는 방법

iOS

앱 스토어 버전인 〈Slippy Snakes & Centipedes〉는 클래식 게임 플레이에 업그레이된 그래픽을 마법처럼 조합하여 즐길 거리를 제공합니다.

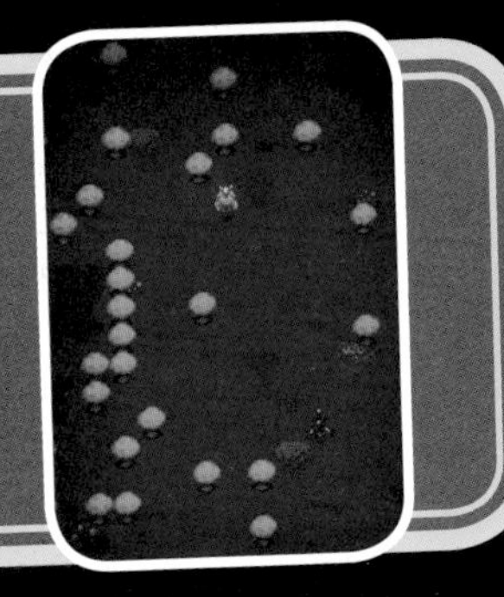

Xbox One, 플레이스테이션 4, PC

다양한 파워업과 창의적인 도전 과제들로 가득한 〈Centipede〉의 업그레이드 버전을 Xbox 네트워크에서 다운로드할 수 있습니다!

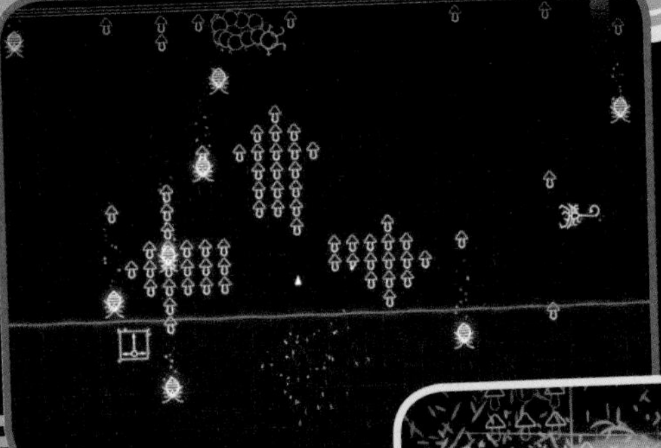

플레이어가 〈Centipede〉에서 플레이하는 캐릭터는 난쟁이입니다. 1980년대 중반에는 난쟁이와 센티피드(지네) **두 가지 역할을 할 수 있는 〈던전 앤 드래곤〉 스타일의 보드 게임도 출시되었습니다!**

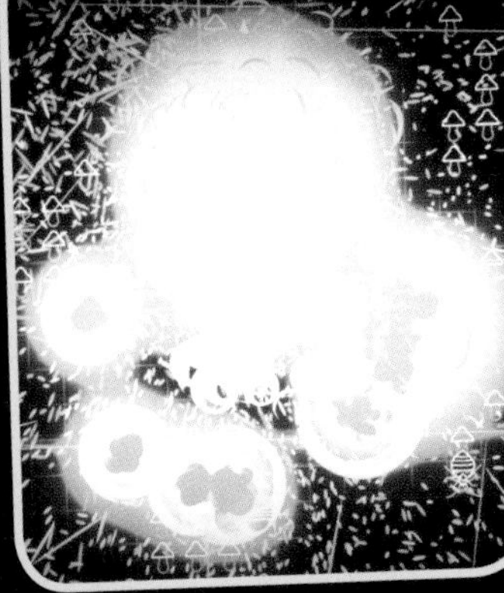

닌텐도 타임라인

지금까지도 우리나라에서 가장 잘 알려진 게임 회사입니다!

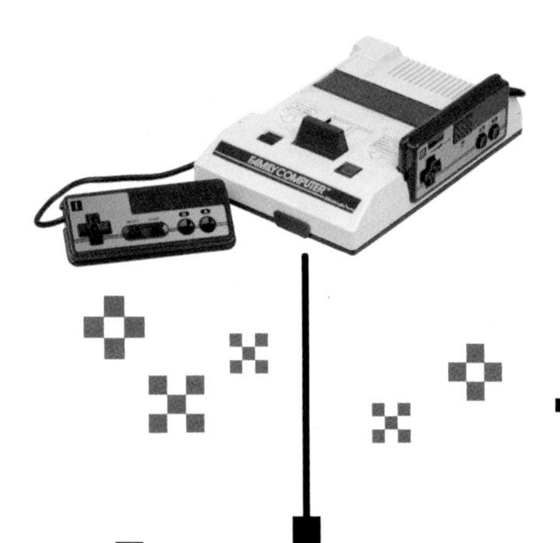

1983

패밀리 컴퓨터(패미컴)

패미컴이 출시되자 게임 혁명이 일어나기 시작했습니다. 북미권에는 1985년 NES라는 이름의 다른 외형으로 출시되었고, 우리나라에는 1989년에 NES를 현대 컴보이라는 이름으로 출시했습니다.

1989

게임보이

패미컴을 담은 휴대용 게임기로, 그래픽은 약간 불안정했지만 게임만큼은 훌륭했습니다.

1990

슈퍼 패미컴

슈퍼 패미컴은 패미컴을 업그레이드한 콘솔입니다. 미국에서는 SNES라는 이름의 다른 외형으로 출시되었고 우리나라에서는 현대 슈퍼 컴보이라는 이름으로 출시되었습니다.

#1

첫 번째

가장 처음 출시된 패미컴 게임은 〈동키콩〉, 〈동키콩 주니어〉, 〈뽀빠이〉입니다.

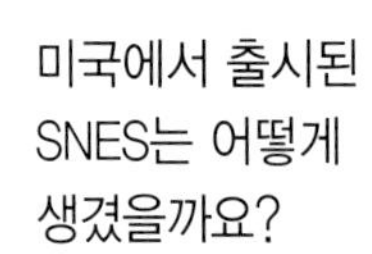

미국에서 출시된 SNES는 어떻게 생겼을까요?

과거 VS 현재

콘솔의 성능은 시간이 흐르면서 향상되었습니다. 우리나라에서 1989년 출시된 현대 컴보이의 프로세서 속도는 1.79MHz이며 내장 RAM은 2KB밖에 되지 않습니다. 그렇다면 최신 스마트폰은 어떨까요? 3,890MHz 이상의 프로세서 속도와 8GB 이상의 RAM을 갖추고 있습니다.

2KB RAM VS 8GB RAM

1996

닌텐도 64

닌텐도는 소니의 플레이스테이션과 경쟁하기 위해 닌텐도 64 콘솔과 함께 콘솔 게임 역사상 가장 위대한 게임 중 일부를 선보이며 맹활약을 펼쳤습니다.

1998

게임보이 컬러

흑백 게임보이의 장점을 모두 컬러로 바꾸어 업그레이드한 게임보이 컬러가 출시되었습니다.

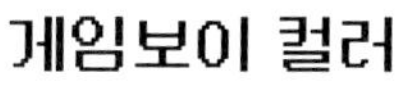

2001

게임보이 어드밴스

게임큐브

레고로 만들어 볼까?!

1998년 개발된 검색 엔진 구글은 그 인기가 높아지면서 '구글'이 검색을 뜻하는 단어가 되었습니다. 구글의 창업자 중 한 사람인 래리 페이지는 어릴 적부터 놀랄 만한 행동을 했다고 알려져 있는데요, 고등학교 시절 레고로 실제 작동하는 프린터를 만들었다고 합니다!

슈퍼 마리오 브라더스 3

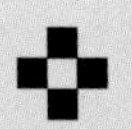

어떤 게임일까요?

<슈퍼 마리오 브라더스>는 닌텐도의 가장 유명한 캐릭터인 마리오를 주인공으로 한 게임입니다. 마리오의 세 번째 모험은 역대급이라고 할 수 있습니다.

〈슈퍼 마리오 브라더스〉가 최고의 게임이라는 것에 동의하지 않는다면 엉금엉금의 거북이 등껍질이 날아올지도 모릅니다! 게임 스토리는 일반적인 마리오 게임 스토리와 같습니다. 버섯 왕국을 점령한 쿠파와 쿠파 7인조를 마리오와 루이지가 막는 것입니다. 이 게임은 복잡하게 디자인된 스테이지로 되어 있지만, 계속해서 탐험하고 정복하고 싶은 마음이 들게 합니다.

〈슈퍼 마리오 브라더스 3〉는 전작들의 게임 요소를 한층 더 업그레이드해서 출시되었습니다. 새로운 서브 게임과 미니 퀘스트가 있고, 마리오가 비행하거나 무적이 될 수 있는 너구리 변신을 포함한 다섯 가지의 새로운 파워업, 그리고 놀라운 그래픽으로 구성되어 있습니다. 이 게임에는 클리어할 8개의 월드가 있는데, 각 월드는 쿠파 7인조와 대결해야 하며 마지막 월드에서는 쿠파를 물리쳐야 합니다. 이 게임은 빠르게 클리어하기 어렵지만, 게임에 투자하는 시간이 전혀 아깝지 않습니다.

여기 모두 모였네요! 새로운 적이 없다면 마리오 게임이라고 할 수 없을 겁니다!

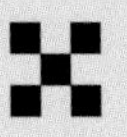

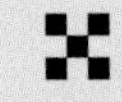

플레이할 수 있는 방법

★★★★★

닌텐도 클래식 미니 패밀리 컴퓨터

2016년에 출시된 패미컴 미니에 수록된 수많은 클래식 게임 중에 〈슈퍼 마리오 브라더스〉가 포함되어 있습니다. 이 게임은 픽셀 하나까지도 충실히 원작에 맞추어 재현되었습니다.

레트로 평점 ★★★★★

닌텐도 스위치 온라인

닌텐도 스위치 온라인에서 〈슈퍼 마리오 브라더스 3〉를 비롯한 다양한 클래식 게임들을 즐길 수 있습니다.

?

〈슈퍼 마리오 브라더스 3〉는 극장 커튼이 열리는 장면으로 시작되고, 닫히는 장면으로 마무리됩니다. 그래서 팬들 사이에서는 게임의 이야기가 연극으로 표현된다는 가설이 제기되었습니다. 이 가설은 놀랍게도 게임 제작자들에 의해 사실로 확인되었습니다!

젤다의 전설

어떤 게임일까요?

**여러분, 우리 함께 마법의 대륙 하이랄로 모험을 떠나도록 해요!
이 대륙은 다양한 몬스터로부터 위협받고 있으며,
몬스터들은 항상 나쁜 일을 꾸미고 있습니다.**

하일리아인 링크는 하이랄 대륙을 구하기 위한 모험을 시작합니다. 그는 첫 모험에서 지혜의 트라이포스를 다시 모으고, 젤다 공주를 구하고, 어둠의 왕자 가논을 물리쳐야 합니다.
링크는 아직 어린 하일리아인이지만 매우 용감하고 검을 다루는 실력이 뛰어납니다. 플레이어는 탑다운 시점으로 링크를 조작하여 하이랄 대륙 여러 곳을 모험해야 합니다.

조작은 간단하지만 전투 요소는 대단히 도전적입니다. 게임의 완성도를 높여 주는 그래픽과 사운드트랙도 인상적입니다. 9개의 숨겨진 던전들은 그 비밀이 드러나기만을 기다리고 있으며, 플레이어는 던전을 깨며 트라이포스를 얻어야 합니다.
〈젤다의 전설〉은 정말 이름 그대로 전설적인 게임입니다.

링크는 탐험 외에도
많은 전투를 치러야 합니다!

하이랄에는 비밀을 발견할 수 있는
지하 던전들이 있습니다.

플레이할 수 있는 방법

닌텐도 스위치 온라인

닌텐도 스위치 출시일에 맞춰 출시된 첫 번째 레트로 게임 중 하나가 바로 〈젤다의 전설〉입니다. 〈젤다의 전설 2 링크의 모험〉도 플레이 가능한데, 이 게임에서는 횡스크롤 형태의 퀘스트를 즐길 수 있습니다.

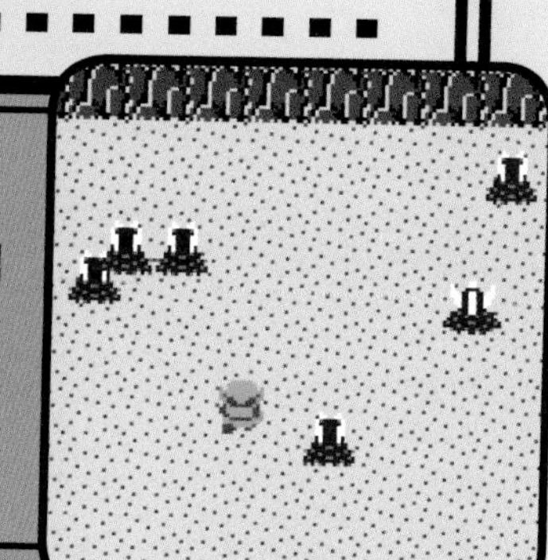

닌텐도 클래식 미니 패밀리 컴퓨터

레트로 평점 ★★★★★

〈젤다의 전설〉, 〈젤다의 전설 2 링크의 모험〉 모두 콘솔 재발매판에 포함되어 있습니다. 방패와 검을 가지고 모험을 떠나 보세요!

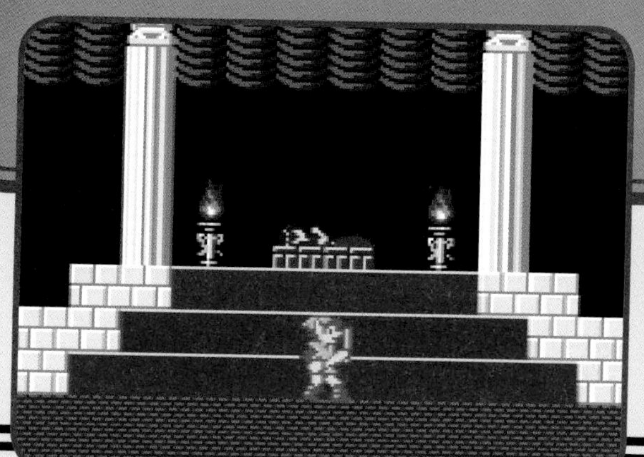

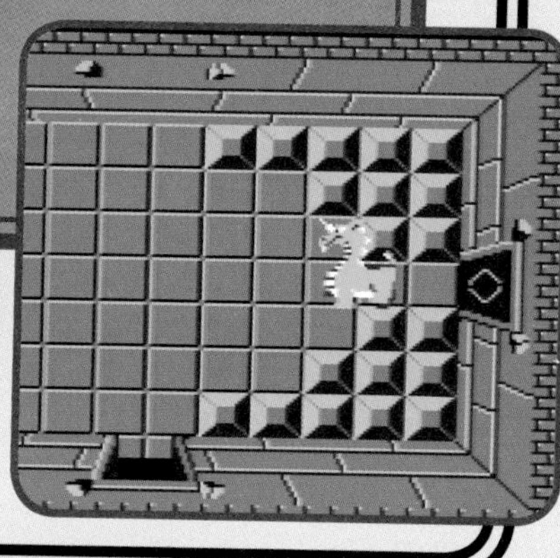

패미컴용 게임 카트리지는 대부분 회색으로 출시되었습니다. 하지만 〈젤다의 전설〉은 링크의 모험을 상징하는 화려한 금색으로 나왔습니다. 잘 보존된 초판은 2021년에 870,000달러에 판매되었습니다!

캐슬바니아 II: 사이먼의 원정

어떤 게임일까요?

광분한 뱀파이어의 부하들이 문제를 일으키려고 합니다.
다행히 사이먼 벨몬드가 그들을 원래 있던 곳으로
돌려놓기 위한 여정에 나섰습니다.

사이먼은 트란실바니아의 언데드 무리를 헤치고 드라큘라 백작의 다섯 가지 유물을 찾아 저주를 푸는 여정에 참여하게 되었습니다. 뱀파이어 헌터인 그에게는 일상일 뿐입니다. 주민들 중에는 적대적인 사람들도 있고, 도움이 되는 사람들도 있습니다. 그들을 찾아가 사냥 팁과 유용한 무기 업그레이드를 얻을 수 있습니다.
이 게임은 당시 기술로 보여 줄 수 있는 최고의 그래픽과 액션을 갖춘 플랫폼 액션 게임입니다. 또, 역할을 수행하는 요소와 비선형적인 게임 플레이를 선사합니다. 더불어 게임 내에는 낮과 밤 시스템이 있어 해가 지면 크리처들이 더욱 강력해집니다. 고딕풍 세계를 뛰어다니며 언데드 주민들을 사냥해 보세요.
우리나라에는 1990년에 현대 컴보이 게임으로 출시되었습니다.

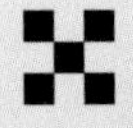

드라큘라의 유물을 찾기 위해
저택을 수색하세요!

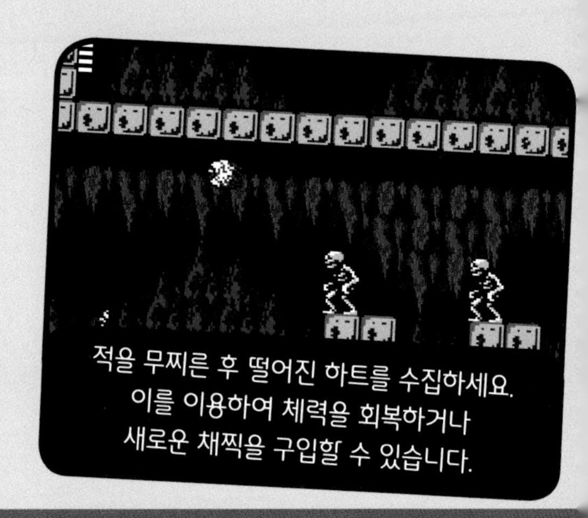

적을 무찌른 후 떨어진 하트를 수집하세요.
이를 이용하여 체력을 회복하거나
새로운 채찍을 구입할 수 있습니다.

플레이할 수 있는 방법

닌텐도 클래식 미니 패밀리 컴퓨터 (NES 클래식 에디션 한정)

이 게임은 스위치 온라인 레트로 게임으로 출시되지는 않았습니다. 하지만 벨몬드와 언데드 미니언들은 NES 클래식 에디션에서 만날 수 있습니다.

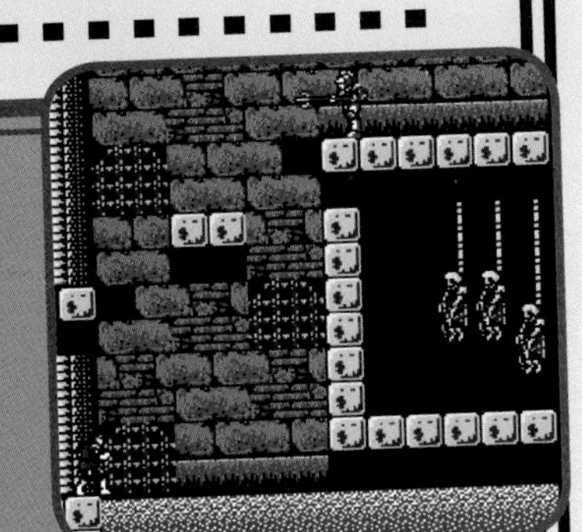

레트로 평점
★★★
★☆

플레이스테이션 4, Xbox One, 닌텐도 스위치

이 게임은 코나미의 캐슬바니아 기념 컬렉션 패키지에 포함되어 있습니다. 이 외에도 슈퍼 패미컴, 게임보이와 같은 고전 게임 콘솔에서도 벨몬드 형제의 여러 모험을 따라갈 수 있습니다.

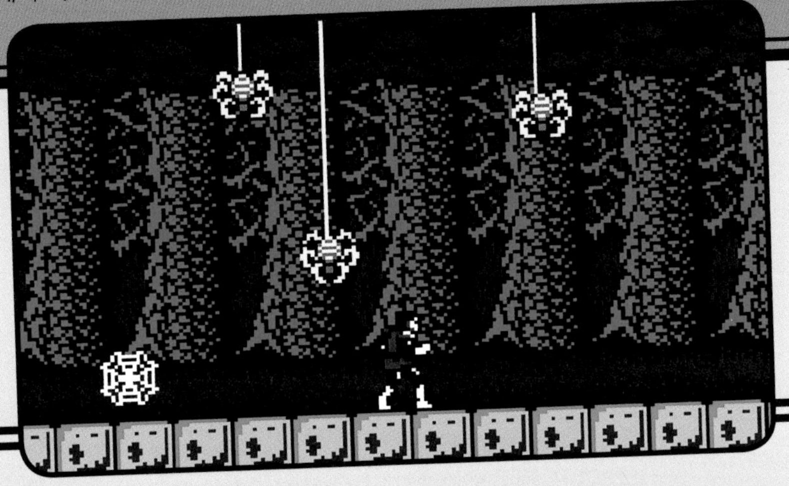

게임의 크레딧에는 고전 공포 영화의 배우와 캐릭터를 바탕으로 한 가짜 이름들이 등장하는데, 이 가짜 이름 때문에 실제로 누가 만들었는지 명확하게 알 수 없습니다.

록맨 2: Dr. 와일리의 수수께끼

어떤 게임일까요?

**슈퍼 로봇인 록맨은 어마어마한 능력을 가지고 있습니다.
이 게임은 구하기 어렵지만 해 볼 가치가 있는 게임입니다.**

세계 정복을 노리던 Dr. 와일리는 록맨에 의해 그 야망이 저지당했고 한동안 세계 평화가 유지되었습니다. 그러나 세계 정복을 포기하지 못한 Dr. 와일리가 새로운 로봇 8기와 함께 록맨 앞에 나타납니다. 하지만 록맨은 여전히 록 버스트를 장착하고 있고, Dr. 라이트도 록맨을 서포트하고 있습니다!

〈록맨 2: Dr. 와일리의 수수께끼〉는 악당을 무찌르는 액션도 풍부하지만, 게임의 주요 요소는 스테이지별 퍼즐을 푸는 것입니다. 퍼즐을 풀 수 없다는 생각이 들다가도 갑자기 해결책이 보이는 경우가 있습니다. 게임의 난이도가 균형 잡혀 있기 때문에 플레이할 때마다 조금씩 더 나아갈 수 있습니다.

게임 플레이는 빠르게 진행되며 머리를 쥐어짜게 만드는 요소들이 많이 포함되어 있습니다. 물론 머리를 쥐어짠다고 해서 답이 나오지 않을 수도 있겠죠!

록맨은 업데이트되어 다시 등장했습니다.

플레이할 수 있는 방법

레트로 평점 ★★★★★

닌텐도 클래식 미니 패밀리 컴퓨터

록맨은 패미컴 미니에서 활발하게 활약하고 있습니다. 여기에서 진정한 히어로를 발견할 수 있습니다.

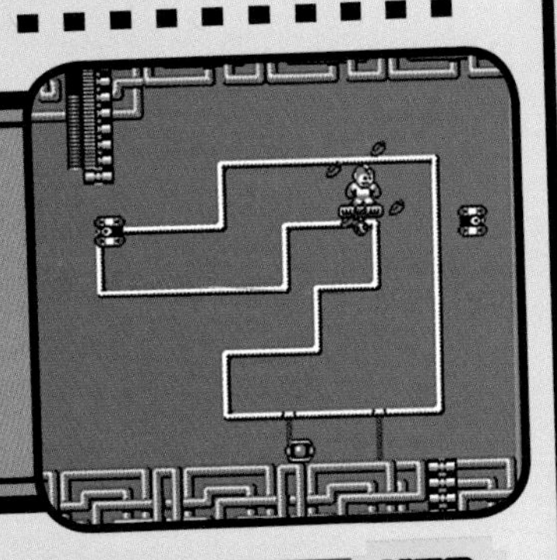

레트로 평점 ★★★★☆

플레이스테이션 4, Xbox One, 닌텐도 스위치

오랜 시간 동안 여러 버전에서 다양한 변신을 겪었던 〈록맨〉은 2018년에 〈록맨 11: 운명의 톱니바퀴!!〉로 돌아와서도 여전히 Dr. 와일리와 그의 교활한 계획에 맞서고 있습니다. 그래픽은 크게 업그레이드되었고, 여전히 스릴 넘치는 2D 플랫폼 액션으로 게임이 진행됩니다.

첫 출시된 〈록맨〉은 당시 예상보다 큰 성공을 거두지 못한 것으로 알려져 있습니다. 하지만 〈록맨〉 시리즈는 최근까지 출시되고 있습니다.

Snake Rattle 'n' Roll

어떤 게임일까요?

래틀과 롤이라는 두 뱀 친구는 상어를 피하고 여러 장애물을 피해서 '니블리 피블리'를 잡아먹어야 합니다.

생동감 넘치는 그래픽으로 이루어진 다양한 스테이지를 정복하는 모험에 참여해 보세요. 레벨이 올라갈수록 맵을 탐색하고 니블리 피블리를 찾아 잡아먹는 것이 더 어려워지기 때문에 적을 창의적으로 피해야 합니다. 또한 각 레벨을 클리어하려면 뱀이 니블리 피블리들을 충분히 먹어서 저울 위의 종을 울릴 만큼의 무게가 되어야 합니다.

이런 점이 〈Snake Rattle 'n' Roll〉이 특이하지만 재미있는 플랫폼 게임이 된 특징 중 하나입니다. 이 게임에는 두 명의 플레이어가 함께 즐길 수 있는 2인 플레이어 모드가 있습니다. 두 뱀이 경쟁하듯 니블리 피블리를 빨리 먹고 상대보다 먼저 무게를 늘려야 합니다. 흔들거리는 이 뱀 게임은 보기보다 더 재미있습니다.

니블리 피블리를 뿜어내는 디스펜서는 뱀에게 폭탄을 던질 수도 있습니다. 조심하세요!

각 레벨을 마치려면 저울 위의 종을 울려야 합니다.

플레이할 수 있는 방법

Xbox One

〈Snake Rattle 'n' Roll〉은 영국의 개발사 레어에서 개발되었습니다. 레어의 30주년 컴필레이션 타이틀을 Xbox One에서 플레이할 수 있으며, 뱀과 관련된 스피드보트 레이싱 클래식인 〈Cobra Triangle〉도 즐길 수 있습니다.

뱀이 물에 떨어져 상어에게 추격당할 때, 영화 〈죠스〉의 유명한 테마 음악이 배경 음악으로 재생됩니다.

Solar Jetman: Hunt for the Golden Warpship

어떤 게임일까요?

느린 속도의 우주 탐험이 지루하다고 생각하나요?
하지만 <Solar Jetman: Hunt for the Golden Warpship>은 누구나
Golden Warpship을 찾기 위한 여정에 푹 빠질 정도로 재미있는 게임입니다.

이 게임의 주인공인 제트맨은 소박한 포부를 가지고 있습니다. 바로 우주 쓰레기를 팔아서 돈을 버는 것입니다.
재트맨은 우연히 Golden Warpship 조각을 발견했는데, Golden Warpship의 나머지 조각을 찾으면 부자가 될 수 있다는 것을 알고, 나머지 조각을 찾으러 여러 행성으로 떠납니다.
게임 플레이는 간단합니다. 각 행성을 탐험하고 총알과 외계 생물을 피하며 Golden Warpship의 조각을 가지고 기지로 돌아가는 것입니다. 그러나 이 게임에는 그 외에도 많은 콘텐츠들이 있습니다. 각 행성의 중력 설정에 따라 우주선의 움직임이 달라지고 또, 고밀도로 디자인된 우주 환경은 감탄이 나올 정도로 멋집니다. 뛰어난 그래픽과 사운드가 더해진 이 게임은 마치 실제 우주에 온 것 같은 느낌을 줄 것입니다!

공격을 많이 받아서 우주선이 파괴되면 재트맨은 우주복만 입은 채 우주에 표류하게 됩니다.

Golden Warpship 조각을 찾고 다음 행성으로 출발합니다.

플레이할 수 있는 방법

레트로 평점 ★★★★☆

Xbox One, 닌텐도 스위치 온라인

개발사 레어의 30주년 기념으로 출시된 〈Rare Replay〉를 구해 Xbox One에서 플레이해 보세요. 닌텐도 스위치 온라인에서는 2024년 7월에 다시 출시되었습니다.

이 게임의 개발자 중 한 명인 스테 픽포드는 게임 속 우주선의 움직임을 스쿠버 다이버의 움직임에서 영감을 받았다고 했습니다. 그러나 이 영감은 실제로 바다에서 다이빙을 하는 것이 아니라, 다이빙 게임을 플레이하면서 얻은 것이라고 합니다!

Punch-Out!!

어떤 게임일까요?

복싱 시뮬레이션 게임 <Punch-Out!!>은 타이틀에 두 개의 느낌표를 넣어야 할 정도로 흥미진진합니다!!

훌륭한 복싱 스토리가 그렇듯이 이 게임은 신인 리틀 맥이 강력한 상대들과 맞서 싸우는 이야기를 담았습니다. 그의 트레이너인 닥 루이스와 함께 킹 히포, 소다 팝핀스키, 슈퍼 마초맨과 같은 복싱계의 강자들을 물리치기 위해 여정을 떠납니다.
패미컴으로 출시된 스포츠 시뮬레이션 게임은 당시 여러 게임들을 한 데 묶어서 판매했는데, 대부분 질이 낮은 게임들이 묶여 있는 경우가 많았습니다. 그러나 〈Punch-Out!!〉은 그 선입견을 깬 것으로도 유명합니다. 이 게임은 횡스크롤 시점이 아니라 백뷰 시점으로 리틀 맥의 뒷모습 너머로 상대와 마주하게 됩니다. 또, 간단한 조작 버튼을 무작정 누르며 상대를 공격하는 것이 아니라 각 상대에 맞는 전략을 세워 공격해야 합니다. 여러분, 지금 바로 글러브를 끼고 주먹을 휘두르세요.

리틀 맥의 뒷모습을 보며 상대와 대결하세요!

턱을 부술 정도로 강력한 본 카이저의 어퍼컷을 조심하세요!

플레이할 수 있는 방법

닌텐도 스위치

닌텐도 스위치의 아케이드 아카이브를 통해 오리지널 아케이드 버전을 구입하면 복싱을 실컷 즐길 수 있습니다.

닌텐도 스위치 온라인

〈슈퍼 Punch-Out!!〉은 슈퍼 패미컴 전용으로 출시된 후속작으로, 닌텐도 스위치 온라인에서 구할 수 있습니다.

닌텐도 클래식 미니 슈퍼 패미컴

완벽한 8비트 레트로 감성의 〈슈퍼 Punch-Out!!〉에서 영광스러운 복싱 결투의 승자가 될 수 있습니다.

〈Punch-Out!!〉은 원래 〈마이크 타이슨의 Punch-Out!!〉으로 불렸지만 마이크 타이슨과의 라이선스 계약이 끝난 후부터 타이슨의 이름이 타이틀에서 삭제되었습니다.

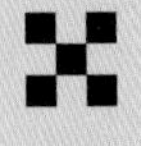

더블 드래곤 II

어떤 게임일까요?

**더 이상 참지 않고 불의에 대항하기 위해 나서는
빌리와 지미를 만나 보세요!
클래식 스트리트 격투 게임의 재미가 가득합니다.**

닌텐도는 가족들이 모두 즐길 수 있는 게임을 제공하기 위해 많은 노력을 기울였습니다. 그러나 가족 친화적인 이미지와는 달리, 〈더블 드래곤 II〉와 같은 게임이 출시된 것은 조금 놀라운 일입니다. 이 게임은 강렬한 펀치, 킥, 철퇴 내려치기, 수류탄 던지기, 삽 휘두르기, 나이프 던지기 등의 액션 요소가 가득한 게임입니다.
이 게임은 섀도 워리어 갱단에게 마리안이 당하고 빌리와 지미가 마리안의 복수를 위해 나서는 이야기로 시작됩니다.
〈더블 드래곤 II〉의 스테이지는 일반적인 횡스크롤 방식으로 진행되며, 두 형제가 거리를 돌아다니고 섀도 워리어의 멤버들을 격퇴하는 액션 요소가 돋보입니다. 2인 플레이어 모드는 형제가 힘을 합쳐 적을 격퇴하는 재미를 제공합니다.
이 게임은 패미컴 격투 게임 중에서 좋은 평가를 받는 작품입니다.

닌텐도 스위치 리마스터 버전에서
형제가 함께 힘을 합쳐 보스를 물리칩니다.

플레이할 수 있는 방법

닌텐도 스위치

〈더블 드래곤〉과 〈더블 드래곤 II〉 모두 아케이드 아카이브에서 플레이할 수 있습니다.

닌텐도 클래식 미니 패밀리 컴퓨터

레트로
평점
★★★
★★

패미컴 미니에 〈더블 드래곤 II〉가 포함되었지만, 전작과 후속작은 포함되지 않았습니다. 그중 후속작 〈더블 드래곤 III〉가 개성을 잃고 흥행에 실패했기 때문입니다.

1994년에 영화 〈더블 드래곤〉이 개봉되었습니다. 하지만 이 영화 역시 1990년대에 나온 대부분의 비디오 게임 영화들과 마찬가지로 좋지 않은 평가를 받고 흥행에 실패했습니다.

어떤 게임일까요?

놀랄만한 8비트 플랫폼 액션, 배트맨!
다크 나이트를 조종하여 고담 시티의 길거리를 정리하고
조커와 그의 부하들에게 배타랑의 맛을 보여 주세요!

1989년 신예 감독 팀 버튼이 배트맨 영화를 제작했습니다. 23년 만에 다시 나오는 배트맨 영화였기에 당시 캐스팅된 배우들에 대한 팬들의 걱정과 반발이 가득했지만, 영화는 우려를 딛고 큰 성공을 거두었습니다. 그리고 그 영화는 플랫폼 액션 게임으로 재탄생했습니다!
게임 속 배트맨은 고담 시티의 적막한 거리를 헤치며 액시스 화학 공장과 몇 군데의 장소를 지나고 마침내 고담 대성당 꼭대기에서 조커와 결전을 치룹니다. 배트맨은 다양하고 멋진 배트맨 전용 무기들을 사용할 수 있으며 벽을 타고 높은 장소에 도달하기 위해 벽 점프를 할 수 있습니다. 비록 다른 패미컴 플랫폼 게임들과 비교했을 때 크게 도전적인 게임은 아니지만, 배트맨 테마의 재미를 충분히 제공한 훌륭한 게임인 것은 틀림없습니다.

운이 나쁜 조커의 부하가 곧
배트맨의 주먹맛을 보겠군요!

플레이할 수 있는 방법

닌텐도 3DS, Xbox One, 플레이스테이션 4

패미컴 버전의 배트맨과 유사한 모티브로 만들어진 게임은 〈레고 배트맨〉 시리즈입니다. 이 게임은 닌텐도 3DS와 Xbox One과 플레이스테이션 4에서 즐길 수 있습니다.

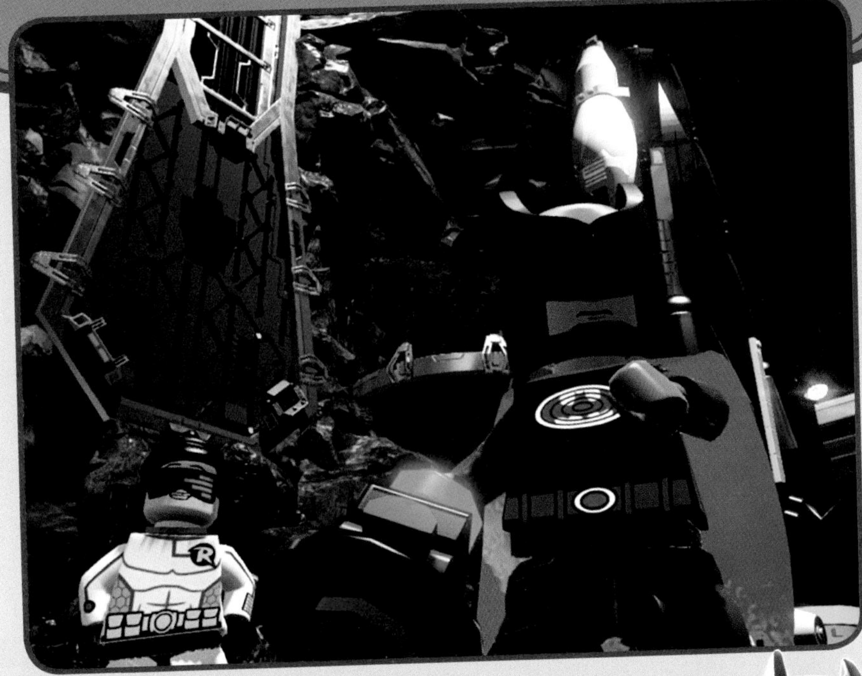

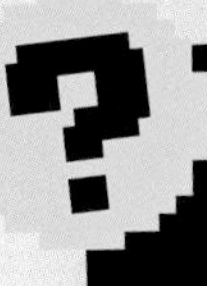

조커 외에도 배트맨은 데드샷, 맥시 제우스, 히트 웨이브 등 상대적으로 덜 알려진 DC 악당들과 맞서야 합니다.

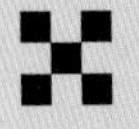

DuckTales

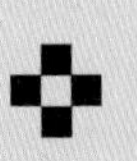

어떤 게임일까요?

나이 많은 오리와 그의 지팡이가 게임 주인공으로 등장하는 것이 조금 이상해 보일 수 있습니다. 하지만 이미 동키콩, 쿠파 같은 캐릭터가 등장했던 것을 생각해 보면 안 될 이유는 없지 않을까요?

욕심 많은 스크루지 맥덕은 부자인데도 재산을 더 늘리는 데에 혈안이 되어 있습니다. 그렇다면 세계를 여행하며 보물을 찾는 모험이 빠질 수 없겠죠?

플레이어는 스크루지 맥덕을 조종하여 광산, 산악, 정글, 성, 달 등 다양한 장소에서 다섯 개의 보물을 찾아야 합니다.

게임은 다섯 개의 스테이지로 구성되어 있지만, 재미있는 콘텐츠로 인해 계속 플레이하게 됩니다. 또한 스크루지 맥덕 캐릭터 자체도 큰 웃음을 제공합니다. 그는 독특한 장소를 달리고, 점프하고 오리걸음을 하기도 하며, 지팡이를 스카이 콩콩처럼 사용하거나 방망이를 휘둘러 적을 무찌릅니다.

스크루지는 아마존 스테이지에서 덩굴을 타고 오르는 등 다양한 액션을 경험하게 됩니다.

트란실바니아 성에서는 스크루지가 무서운 기사들을 피하는 모습을 볼 수 있습니다.

플레이할 수 있는 방법

Xbox One, 플레이스테이션 4, 스팀

사랑스럽지만 인색한 오리가 〈디즈니 애프터눈 컬렉션〉에서 다시 등장했습니다.

Xbox One, 플레이스테이션 4, 스팀

만약 오리들의 새로운 모습을 선호한다면, 스크루지 맥덕의 클래식 어드벤처를 리메이크한 〈DuckTales: Remastered〉를 만나 보세요.

레트로
평점
★★★★★

?

스크루지 맥덕의 지팡이는 용도가 하나 더 있습니다. 공중에서 점프한 후에 컨트롤러의 십자 버튼을 아래로 누르면 지팡이가 고무줄처럼 튀어 오르게 됩니다. 이렇게 하면 먼 거리를 뛰어넘으며, 적들을 뭉개 버릴 수 있습니다.

레트로 퀴즈

레트로 게임에 대해 잘 알고 있다고 생각하나요?
아래 퀴즈로 여러분의 지식을 테스트해 보세요. 준비되었나요?

1

<Paper Boy>에서 주인공인 신문 배달부 소년은 동네에서 예상치 못한 적들을 마주칩니다. 아래 중 등장하지 않는 것은 무엇인가요?

a. 사신 b. 거리의 댄서 c. 더 락

2

클래식 아타리 게임 <Adventure>에서 플레이어가 조종하는 주인공은 어떤 모습인가요?

a. 사각형 b. 육각형 c. 삼각형

3

<젤다의 전설> 중 하이랄 대륙에서 젤다의 역할은 무엇인가요?

a. 총리 b. 공주
c. 전설적인 디제이(DJ)

4

노란 몸에 번개 모양 꼬리를 가진 포켓몬의 이름은 무엇일까요?

a. 피카츄 b. 피카부 c. 피카소

5

<마리오 카트>에서 상대 참가자들에게 던질 수 없는 것은 무엇인가요?

a. 바나나 껍질
b. 거북이 등껍질
c. 그림자

6

닌텐도 64 플랫폼 게임에서, 카주이라는 이름을 가진 새와 함께 다니는 곰의 이름은 무엇인가요?

a. 반조 b. 우쿨렐레
c. 만돌린

7

다음 중 장갑의 종류에서 이름을 따온 아케이드 게임은 무엇인가요?

a. Big Foam Finger
b. Mitten c. Gauntlet

8

소닉 더 헤지혹은 꼬리 두 개를 가진 테일즈를 친구로 얻습니다. 테일즈의 종족은 무엇인가요?

a. 여우
b. 토끼
c. 고슴도치

9

세가 드림캐스트에서 히트한 게임은 물가에서 편안하게 즐기는 이 취미를 다룬 게임입니다. 이 취미는 무엇일까요?

a. 배스 낚시 b. 백조 괴롭히기
c. 쇼핑 카트 찾기

10

파라파는 플레이스테이션 게임의 주인공입니다. 그의 직업은 무엇일까요?

a. 댄서
b. 유튜버
c. 래퍼

11

게임큐브 게임 중에서 큰 공 안에서 털이 난 동물이 구르는 게임은 무엇인가요?

a. 슈퍼 침팬지의 위기
b. 슈퍼 원숭이의 패닉
c. 슈퍼 몽키 볼

12

사무스 아란이 <메트로이드 퓨전>에서 방문하는 행성의 이름은 무엇인가요?

a. 지구 b. SR388
c. 크고 두려운 죽음의 행성

13

<스타워즈 에피소드 1 레이서>에서 플레이 가능한 캐릭터가 아닌 것은 무엇인가요?

a. 토이 댐프너 b. 블리비 블랩블럽
c. 봇찌 바란타

14

<대마계촌>에서 아서가 적의 무기에 맞았을 때 어떤 모습으로 변신하나요?

a. "중세 기사들을 다시 위대하게 만들자"라고 적힌 모자를 쓴 모습
b. 속옷만 입은 모습
c. "차분한 모험을 떠나자"라고 적힌 티셔츠를 입은 모습

정답은 책 208페이지에서 확인할 수 있습니다.

테트리스

어떤 게임일까요?

여기 기하학적인 도형들이 비처럼 내리는 게임이 있습니다!
<테트리스>는 게임 시장을 폭풍처럼 휩쓴 게임으로,
1985년 소련에서 개발된 최고의 퍼즐 게임입니다.

최고의 게임이라 할지라도 비판을 받기 마련인데, 〈테트리스〉에 대해서는 부정적인 말을 하는 사람들이 거의 없습니다. 물론, 완벽하게 플레이하다가 갑자기 실수하면 약간의 불만이 생길 수도 있습니다. 떨어지는 블록을 조합하여 줄을 완성하기를 반복하는 〈테트리스〉는 단순하지만 중독성 있는 게임입니다.
게임 규칙은 굉장히 간단합니다. 다양한 모양의 블록들이 스크린 위쪽에서 꾸준히 떨어지고, 플레이어는 블록이 자연스럽게 맞물리도록 이리저리 움직이고 뒤집으면 됩니다. 완벽한 줄을 만들면 그 줄이 사라져서 더 많은 블록이 떨어질 수 있는 공간이 생깁니다. 게임의 난도가 높아지고 줄을 클리어한 횟수가 많아질수록 더 높은 점수를 얻게 됩니다. 한 줄을 클리어하면 100점을 얻을 수 있습니다. 한 번에 4개 줄을 클리어한다면 400점과 '영원한 영광'을 얻게 됩니다.
〈테트리스〉는 완전히 클리어할 수 없는 게임 중 하나라는 명성을 가지고 있습니다. 또, 역사상 최고의 게임 중 하나이며 결코 사라지지 않을 게임입니다.

블록을 뒤집어 좌측으로 움직이고 뒤집어 맞춘 뒤 내려놓으면, 다음 블록이 떨어져 내려옵니다.

플레이할 수 있는 방법

★★★★☆

iOS, 안드로이드

〈테트리스〉가 터치스크린과 화려한 그래픽과 사운드를 갖춘 모습으로 진화했습니다. 매일 다른 도전 과제와 생존 모드, 멀티플레이어 모드를 포함한 다양한 플레이 방식이 있습니다.

레트로 평점 ★★★★★

닌텐도 스위치 온라인

닌텐도 스위치 온라인에서 게임보이 버전을 선택하거나 혹은 〈테트리스 이펙트: 커넥티드〉, 〈테트리스 99〉, 〈뿌요뿌요 테트리스〉와 같이 선별된 게임을 플레이해 보세요. 이 게임들 모두 원작에 비해 업그레이드된 플레이 모드와 그래픽을 제공합니다.

★★★★★

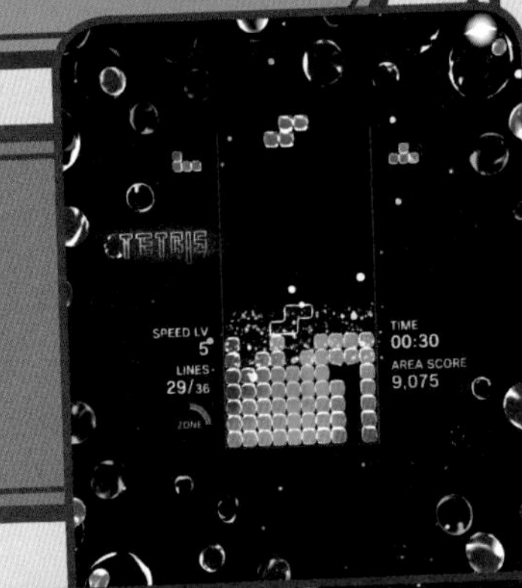

플레이스테이션 4, Xbox One

플레이스테이션 4와 Xbox One에서 최고의 〈테트리스〉 게임을 할 수 있습니다. 여기에는 온라인 챌린지 모드 외에도 협력 멀티플레이 옵션도 있습니다.

〈테트리스〉의 개발자 알렉세이 레오니도비치 파지노프는 당시 퍼스널 컴퓨터를 낯설어하는 사람들의 인식을 좋게 바꾸려고 이 게임을 개발했다고 합니다. 너무나도 훌륭한 배려 아닌가요?

포켓몬스터 레드·그린

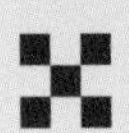

어떤 게임일까요?

**포켓몬스터가 전 세계의 게임 화면에 등장하고,
마리오, 링크, 소닉을 합친 것만큼 거대한 돌풍을 일으키게 된
그 시작이 바로 <포켓몬스터 레드·그린>입니다!**

만약 1,025종의 포켓몬을 접해 보지 않았다면 (이 숫자는 이 책을 읽는 동안에도 늘어나 있을 수 있습니다) 포켓몬 세계에 발을 딛는 것이 부담일 수 있습니다. 그렇지만 〈포켓몬스터 레드·그린〉에서는 총 151마리의 포켓몬을 포켓몬 도감에 등록하면 되므로 좀 더 수월하게 포켓몬의 세계를 알아갈 수 있습니다.

플레이어는 포켓몬스터 애니메이션 속 주인공인 '지우'에 해당하는 역할을 맡습니다. 그는 유명한 포켓몬 연구자인 오 박사와의 만남을 통해 포켓몬 세계를 여행하며 오 박사의 손자이자 라이벌인 트레이너와의 대결을 통해 포켓몬 배틀을 시작합니다. 그리고 야생으로 떠나 포켓몬을 포획합니다. 싱글 플레이 모드에서는 포켓몬을 잡아서 트레이닝하고, 다른 트레이너와 배틀을 할 수 있습니다. 뿐만 아니라 게임 링크 케이블을 사용해 두 개의 게임보이를 연결함으로써 플레이어 간에 포켓몬을 교환하거나 배틀을 할 수도 있습니다. 〈포켓몬스터 레드·그린〉은 각각 〈포켓몬스터 레드〉와 〈포켓몬스터 그린〉으로 독립적인 게임입니다. 하나의 게임만으로 플레이가 가능하지만, 둘 중 한 게임에서만 발견되는 포켓몬이 있으므로 포켓몬 도감을 완성하기 위해서는 플레이어 통신을 활용해 다른 플레이어와 포켓몬을 교환해야 합니다. 이 외에도 어마어마한 탐험 거리와 미니 게임을 제공합니다.

이제 야생으로 나가서 포켓몬을 찾아야 할 때입니다!

플레이할 수 있는 방법

닌텐도 스위치

〈Pokémon LEGENDS 아르세우스〉는 기존의 세계를 포켓몬을 수집하며 자유롭게 탐험할 수 있는 오픈 월드로 확장시켰습니다.

iOS, 안드로이드

〈포켓몬 GO〉는 모두가 즐기는 포켓몬을 현실 세계로 가져와 전 세계의 게이머들과 연결해 주는 최고의 모바일 게임입니다.

닌텐도 스위치

〈포켓몬 브릴리언트 다이아몬드·샤이닝 펄〉은 원작이 가진 인기 요소에 새로운 기능들을 추가하여 흥행에 성공했습니다.

〈포켓몬스터〉 시리즈의 디자이너 타지리 사토시는 어린 시절 취미인 곤충 수집에서 캐릭터들의 영감을 얻었다고 합니다.

슈퍼 마리오 랜드 3: 와리오 랜드

어떤 게임일까요?

마리오가 아닌 와리오가 버섯 왕국의 주인공이 되어 코인 수집과 높이 뛰어넘기를 하는 색다른 게임이 등장했습니다.

〈슈퍼 마리오 랜드 2: 6개의 금화〉에서 크게 패배한 악당 와리오가 자신이 주인공인 게임으로 돌아왔습니다.
와리오는 자신만의 성을 갖고자 하는 욕망을 품으며 해적의 돈을 빼앗던 중에 블랙 슈거단에 대한 정보를 알아내 키친 아일랜드로 떠납니다. 그는 다양한 코스에서 달리고, 점프하고, 적들을 발로 밟을 수 있을 뿐만 아니라, 머리에 쓴 모자에 따라 여러 가지 공격 모드를 사용할 수도 있습니다(모자는 각 코스에 흩어져 있는 항아리에 숨겨져 있습니다).
와리오는 마리오와 거의 비슷한 이름을 가졌지만, 그의 게임은 마리오와는 다릅니다. 두 게임은 유사점이 있지만, 완전히 다른 캐릭터를 다루기 때문에 마리오에 익숙한 플레이어라면 와리오에 적응하는 데에 시간이 필요할 수 있습니다. 그러나 〈슈퍼 마리오 랜드 3: 와리오 랜드〉의 도전 과제, 퍼즐, 보스들은 매우 창의적이고 매력적이기 때문에 시간을 들이는 노력이 전혀 아깝지 않습니다.

와리오는 마리오와 다른 캐릭터이고, 이 게임 또한 마리오를 주인공으로 하는 게임과 다르지만 그럼에도 여전히 점프하고 코인을 모아야 합니다!

플레이할 수 있는 방법

닌텐도 3DS

닌텐도 3DS를 가지고 있다면, 휴대용 게임기에서 와리오의 모험을 즐길 수 있습니다.

레트로 평점 ★★★★☆

닌텐도 스위치

와리오의 게임을 〈즐거움을 나눠라 메이드 인 와리오〉에서 만나 보세요. 스위치는 200개 이상의 미니 게임을 자랑합니다.

와리오의 이름은 그냥 대문자 M을 뒤집어 적은 것이 아닙니다. 이는 '마리오'와 '악'을 뜻하는 일본어 와루이(Warui)를 조합한 것입니다.

레드 아리마 II

어떤 게임일까요?

환상적인 모험이 펼쳐지는 게임보이 게임 중 하나인 <레드 아리마 II>는 유령, 괴물, 가고일 등이 등장하는 세계로의 여정이 펼쳐집니다.

마계에서 휴가를 내고 다른 차원에 갔다가 돌아와 보니, 마을이 검은빛에 의해 파괴되어 있습니다. 도대체 무엇이 마을을 파괴했는지 그 답을 알아내야 합니다. 이 세상에서 주인공은 레드 아리마이고, 앞서 언급한 검은빛은 꼭 해결해야만 하는 미스터리의 핵심입니다.
〈레드 아리마 II〉는 RPG 게임으로, 이 모험에는 적절한 난이도의 퍼즐과 독특한 게임 요소들이 모두 포함되어 있습니다. 레드 아리마는 독창적인 무기와 능력을 획득하여 악마를 물리치고, 가고일이 갈 수 없는 장소를 탐험합니다.
이 게임은 액션, 탐험, 퍼즐이 완벽하게 조화를 이룬 모험 게임입니다.

다른 게임에서 레드 아리마는 다크 데몬이라는 파괴왕으로부터 마계를 구한 적이 있습니다!

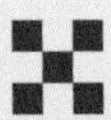

플레이할 수 있는 방법

닌텐도 3DS

흑백으로 된 그래픽과 블록 형태의 고스트와 고블린을 선호한다면, 북미 버전 게임 〈Gargoyle's Quest〉를 추천합니다. 이 게임은 파이어브랜드(레드 아리마)와 그의 동료들의 모험을 다루고 있습니다.

닌텐도 3DS

〈레드 아리마 II〉가 패미컴용으로 출시되었을 때, 원작과는 약간 다른 플레이 스타일을 선보였습니다. 그러나 닌텐도 3DS에서는 그런 부분들이 보완되었습니다.

?

만약 여러분이 하드코어 레트로 게이머라면, 레드 아리마의 옛 모습을 알아볼 수 있을 것입니다. 레드 아리마는 중세 액션 게임 〈마계촌〉에 등장했습니다.

별의 커비 2

어떤 게임일까요?

**니텐도의 귀여운 캐릭터들을 모두 만났다고 생각하나요?
아직 소개하지 않은 친구가 하나 있습니다.
바로, 커비입니다!**

푸푸푸랜드에 악몽 같은 일들이 일어나고 있습니다! 다크 매터에게 빙의된 디디디 대왕이 무지개 섬을 연결하는 일곱 개의 무지개 다리를 가져가 버렸습니다. 하지만 걱정하지 마세요! 커비가 동물 친구들의 도움을 받아 문제를 해결할 것입니다.
〈별의 커비 2〉에서는 '흡입'이라는 슈퍼 파워가 주인공의 대표 스킬입니다.

커비는 공기를 흡입한 뒤 점프하여 날 수 있습니다. 또한 적을 흡입하고 삼키면, 커비가 적의 스킬을 복사할 수 있습니다. 그리고 적을 다시 뱉어 내면, 별의 소용돌이가 길을 휩씁니다. 평범한 게임 플랫폼에 이러한 게임 메커니즘이 더해진 〈별의 커피 2〉는 신선하고 흥미로운 게임입니다. 여러분, 어서 푸푸푸랜드로 떠나세요!

커비는 작지만, 거대한 모험을 떠납니다!

플레이할 수 있는 방법

닌텐도 스위치 온라인

커비의 다음 모험은 슈퍼 패미컴에서 16비트로 화려하게 등장했습니다. 이 게임에서는 커비의 액션이 더욱 개선되었습니다. 닌텐도 스위치 온라인의 확장 팩을 통해 확인해 보세요.

레트로
평점
★★★
★★

닌텐도 스위치

닌텐도 스위치에서 커비는 놀라울 만큼 성공했습니다. 스위치 온라인에는 다양한 게임이 있는 커비 허브가 있습니다. 〈커비 파이터즈 2〉 또한 흥행한 게임이며, 새로운 조작 방식의 〈별의 커비 디스커버리〉도 호평을 받았습니다.

?

만약 게임의 달성도를 100%로 만들고 싶다면, 각 보스와의 전투 후에 해당 스테이지에 다시 들어가서 별을 수집하는 미니 게임을 플레이해야 합니다. 또, 달성도가 100%가 되면 더 많은 게임 플레이 옵션이 열립니다.

슈퍼 마리오 월드

이번에는 마리오 형제가 슈퍼 패미컴에 등장해 코인을 모으고 버섯을 먹으며 쿠파 군단과 폭발적인 전투를 펼친다고 합니다!

쿠파가 돌아왔습니다! 마리오와 루이지가 버섯 왕국을 구하는 일을 싫어하지 않아 다행입니다. 쿠파가 돌아왔다는 것은 더 업그레이드된 버섯 왕국의 모험을 뜻하기 때문에 플레이어에게는 기쁜 일입니다. 완성도가 높아진 그래픽을 즐기고, 재미있는 퍼즐을 풀면서 더 많은 시간을 보낼 수 있습니다. 또, 〈슈퍼 마리오 월드〉에서는 요시를 만날 수 있습니다. 요시는 마리오를 등에 태우고 다니며 다양한 적들을 먹어 치웁니다.
〈슈퍼 마리오 월드〉는 도전의 연속이고, 모두 96개의 스테이지를 정복해야 합니다. 이 중에는 스테이지 속 다른 스테이지, 복잡한 유령의 집, 그리고 고수들만 클리어할 수 있는 스테이지가 포함되어 있습니다. 뿐만 아니라, 다양한 시각적인 즐길 거리와 놀랍도록 창의적인 요소들이 펼쳐져 있습니다.
〈슈퍼 마리오 64〉도 대단하지만 〈슈퍼 마리오 월드〉 역시 이전의 패미컴 게임들보다 업그레이드된 내용을 가지고 있습니다. 꼭 플레이해 보세요.

요시는 먹어 치우는 쿠파 군단의 종류에 따라 다양한 능력을 얻게 됩니다.

플레이할 수 있는 방법

닌텐도 스위치 온라인

〈슈퍼 마리오 월드〉는 재발매된 슈퍼 패미컴 게임 중에서 가장 높은 평가를 받은 게임입니다. 또, 스위치 화면에 맞춰 축소되어도 원작에서 보던 디테일이 유지되어 있습니다.

닌텐도 클래식 미니 슈퍼 패미컴

슈퍼 패미컴 재발매 게임에는 마리오가 요시와 어떻게 만났는지를 다루는 〈슈퍼 마리오 요시 아일랜드〉가 들어 있습니다. 이 게임에서는 요시를 조종하여 아기 마리오가 아기 루이지를 아기 쿠파로부터 구출해야 합니다.

닌텐도 스위치

〈슈퍼 마리오 3D 월드〉를 꼭 플레이해 보세요. 이 게임은 3D 그래픽으로 재구성된 모습으로 게임을 즐길 수 있습니다.

〈슈퍼 마리오 월드〉의 일본 원작에서는 요시가 돌고래를 먹을 수 있었습니다! 그러나 이 스킬은 다른 어떤 버전으로도 이어지지 않았습니다.

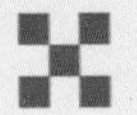

젤다의 전설 신들의 트라이포스

젤다 공주가 다시 납치되었기 때문에 링크가 돌아왔습니다.
비바람이 몰아치는 어두운 밤, 하이랄의 광활한 땅으로 향하는 모험이
링크의 집으로 찾아와 그를 부릅니다.

닌텐도 콘솔을 구매할 때 항상 믿고 구매하는 게임이 있습니다. 그중에 하나가 〈젤다의 전설〉입니다.
〈젤다의 전설 신들의 트라이포스〉는 탑다운 시점으로 게임을 진행할 수 있어서 기존 팬들의 큰 환영을 받았습니다.
이 게임에는 링크가 사제 아그님으로부터 젤다 공주와 하이랄 대륙을 구하기 위해 노력하는 내용이 담겨 있는데, 아그님은 가논이 빛의 세계로 보낸 분신입니다.
RPG 게임은 천천히 진행되는 게임이라고 생각할 수 있지만, 〈젤다의 전설 신들의 트라이포스〉는 빠른 속도의 액션으로 가득 차 있습니다. 링크는 방대한 대륙을 가로지르며 성의 경비병과 싸우고, 여러 개의 층으로 이루어진 던전을 탐험해야 합니다.

이 게임은 매우 아름다운 그래픽을 자랑합니다. 링크가 폭우 속에서 힘겨운 길을 걷거나 어둠의 세계를 뚫고 지나가는 동안은 엄청난 분위기를 자아냅니다. 탄탄한 스토리와 많은 액션을 원한다면, 〈젤다의 전설 신들의 트라이포스〉를 만나 보세요.

다른 캐릭터들과의 교류는 모험을 성공시키는 데에 꼭 필요합니다.

플레이할 수 있는 방법

★★★★★

닌텐도 스위치 온라인

스위치 온라인 덕분에 링크의 모험을 어디에서나 즐길 수 있습니다. 비록 슈퍼 패미컴에서 링크는 단 한 번만 등장하지만 이 한 번은 절대 놓치면 안 되는 순간입니다.

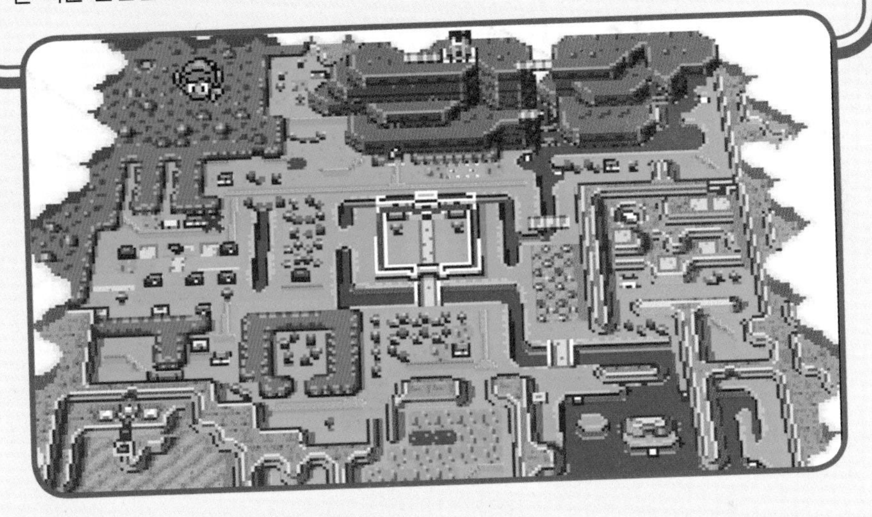

<젤다의 전설 신들의 트라이포스>는 <젤다의 전설> 시리즈에서 처음 등장하는 것들이 많은 시리즈입니다. 카카리코 마을, 하일리아 강, 그리고 가장 중요한 오카리나가 처음 등장하였습니다.

슈퍼 메트로이드

어떤 게임일까요?

<슈퍼 메트로이드>는 슈퍼 패미컴에서 찾아볼 수 있는
일반적인 화려하고 밝은 패밀리 게임들과는
차별화된 게임입니다.

겉으로 보기에는 우주를 배경으로 한 일반적인 횡스크롤 액션 어드벤처 게임처럼 보이지만, 〈슈퍼 메트로이드〉는 훨씬 더 다채롭습니다. 플레이어는 사무스 아란을 조종하여 제베스를 탐험하며 우주 해적인 리들리에게 납치된 베이비 메트로이드를 구해야 합니다. 여기까지의 스토리는 다른 게임과 비슷하지만 이제 다른 점이 나타납니다.
〈슈퍼 메트로이드〉의 스테이지는 환상적이면서 정교합니다. 특히 어둠이 드리운 것처럼 묘사된 지하 설정은 공포 SF를 떠올리게 합니다. 거기에 적절한 사운드까지 더해져 엄청난 긴장감을 제공합니다.
〈슈퍼 메트로이드〉에서는 사무스 아란의 슈트를 업그레이드하거나 새로운 이동 수단을 제공하는 등 파워업이 풍부하게 제공됩니다. 게임의 후반부를 안전하게 진행하기 위해서는 이러한 파워업이 필수입니다. 꼭 한 번 플레이해 보세요.

탐험 중에 난관에 부딪힌다면,
우주선을 이용하여 사무스 아란의 체력을
회복할 수 있습니다.

플레이할 수 있는 방법

닌텐도 클래식 미니 슈퍼 패미컴

닌텐도 클래식 미니 슈퍼 패미컴에는 다양한 16비트 콘솔의 게임들과 함께 〈슈퍼 메트로이드〉가 패키지로 수록되어 재발매되었습니다.

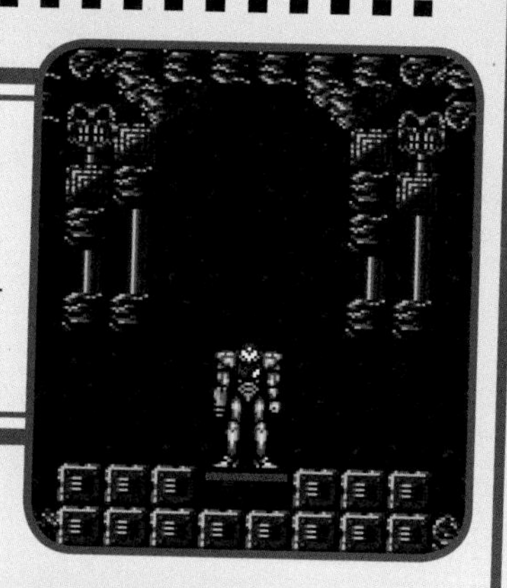

닌텐도 스위치 온라인

〈슈퍼 메트로이드〉는 닌텐도 스위치 온라인에서 출시된 슈퍼 패미컴 게임들 중 하나입니다. 또한 패미컴 페이지로 이동하여 원작인 〈메트로이드〉를 플레이할 수도 있습니다.

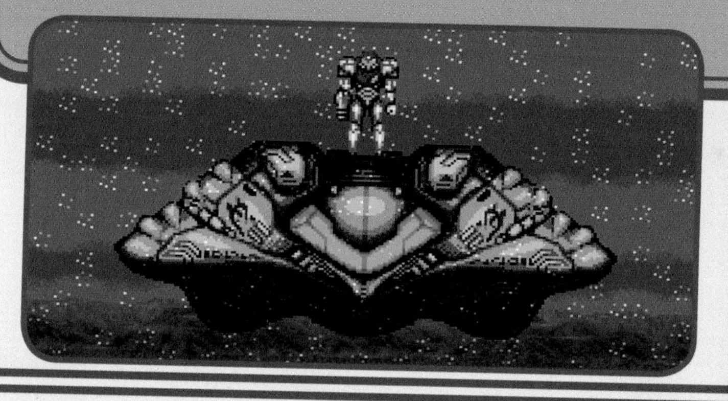

〈메트로이드 프라임〉을 비롯한 후속 시리즈의 팬들에게는 놀라운 사실일지도 모르겠지만, 〈슈퍼 메트로이드〉 이후 8년 만에 후속작이 출시된 것은 〈메트로이드〉 시리즈를 3D화 할 아이디어가 없었기 때문이라고 합니다.

F-ZERO

어떤 게임일까요?

실제 카레이서들도 상상할 수 없는 게임이 있습니다!
<F-ZERO> 레이싱 시리즈입니다.
준비를 마치고 빠르고 격렬한 질주에 도전하세요.

〈F-ZERO〉는 먼 미래인 2560년이 배경입니다! 지구인이 은하계 간 무역 거래를 하는 시대이며, 그로 인한 기술 혁신 덕분에 지상에서 몇 피트 높이에서 초고속으로 달리는 차량을 생산할 수 있게 되었습니다. 물론, 멋진 차를 타고 레이싱을 하여 최상위에 링크될 만큼 뛰어난 실력을 증명해야 합니다.
게임 플레이는 빠르고 미래지향적이며, 경쟁자들은 각기 다른 레이싱 전술을 가지고 있기 때문에 이들을 이기기 위해서는 상당한 기술이 있어야 합니다.

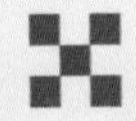

그린 아마존은 놀라운 가속력을 가지고 있지만, 파이어 스팅레이는 더 높은 최고 속도를 가지고 있습니다. 어떤 것을 선택하시겠습니까?

피트 존에서 대시를 취하면 에너지를 보충할 수 있습니다.

플레이할 수 있는 방법

★★★★★

닌텐도 스위치 온라인

닌텐도 스위치 온라인에서 스릴 만점 레이싱을 즐겨 보세요. 〈F-ZERO〉는 멀티플레이 모드가 없는 레이싱 게임 중 하나입니다.

레트로 평점 ★★★★☆

닌텐도 클래식 미니 슈퍼 패미컴

슈퍼 패미컴 재발매 버전으로 〈F-ZERO〉를 플레이할 수 있습니다. 2560년을 배경으로 하여 모든 이들의 사랑을 받았던 레이싱 게임이 여러분을 기다리고 있습니다.

주요 캐릭터인 캡틴 팔콘(블루 팔콘의 파일럿)**은, 슈퍼 패미컴이 처음 출시될 때 콘솔의 마스코트로 선정될 뻔했습니다. 그리고 〈슈퍼 스매시브라더스〉 시리즈에도 등장합니다.**

Pilotwings

어떤 게임일까요?

**이제는 하늘을 날 시간입니다.
훈련을 거쳐 최고의 파일럿이 되는 것이
얼마나 즐거운 일인지 경험해 보세요.**

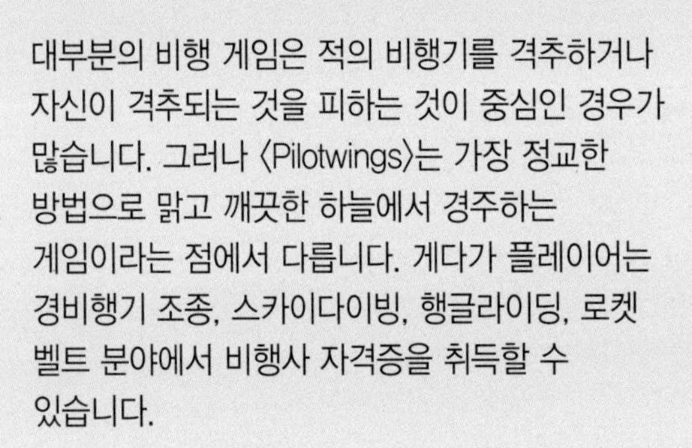

대부분의 비행 게임은 적의 비행기를 격추하거나 자신이 격추되는 것을 피하는 것이 중심인 경우가 많습니다. 그러나 〈Pilotwings〉는 가장 정교한 방법으로 맑고 깨끗한 하늘에서 경주하는 게임이라는 점에서 다릅니다. 게다가 플레이어는 경비행기 조종, 스카이다이빙, 행글라이딩, 로켓 벨트 분야에서 비행사 자격증을 취득할 수 있습니다.

이 게임에 비행 물리 시스템을 적용하기 위해 많은 노력이 들어갔으며, 그 결과 조작 패드의 미세한 움직임으로도 정확한 조종이 가능합니다. 그리고 이런 조종을 연습해야만 높은 점수를 얻을 수 있습니다. 〈Pilotwings〉는 진지하기만 한 게임은 아닙니다. 멋지고 재미있는 보너스 스테이지도 준비되어 있습니다. 〈Pilotwings〉를 통해 비행사 자격증을 취득하는 즐거움을 느껴 보세요.

자유 낙하 기술을 능숙하게 하는 것은 비행 기술만큼이나 중요합니다.

<Pilotwings>를 정복할 때 꼭 필요한 핵심 기술은 안정적인 비행과 부드러운 착륙입니다.

플레이할 수 있는 방법

레트로 평점 ★★★★★

닌텐도 스위치 온라인

닌텐도 스위치 온라인에서 〈Pilotwings〉를 다운받아 비행을 즐겨 보세요.

레트로 평점 ★★★★☆

닌텐도 64, 닌텐도 3DS

닌텐도 64에서는 〈Pilotwings 64〉가 출시되었으며, 닌텐도 3DS에서는 〈Pilotwings Resort〉가 출시되었습니다.

?

일본에서는 <Pilotwings>의 사운드트랙이 인기를 끌어 1990년대 초에 출시된 닌텐도 슈퍼 패미컴 게임 음악 앨범에 <Pilotwings>의 사운드트랙 6개가 수록되었습니다.

스타폭스

어떤 게임일까요?

<스타폭스>에 등장하는 여우는 밤늦게 돌아다니는 일반적인 여우들과 다릅니다. 레이저를 쏘고 악의 군대로부터 은하계를 구하는 데 힘쓰고 있습니다.

이 게임은 스피디한 액션, 미래 배경, 여러 가지 레이저와 블래스터 그리고 조종대를 잡은 여우가 등장합니다! 매드 사이언티스트 안돌프와 그의 군대를 물리치기 위해 폭스 맥클라우드와 그의 동료들(팔코 럼발디, 페피 헤어, 슬리피 토드)이 뭉쳤습니다. 다행히도 이들은 매우 뛰어난 성능을 자랑하는 최신형 전투기 아윙을 가지고 있습니다. 플레이어는 폭스 맥클라우드와 그의 전투기 아윙을 조종하면서 악당들을 무찌르면 됩니다. 또한 콘솔이 조종하는 다른 세 명의 동료들이 함께 전투를 돕습니다. 게임의 점수는 각 스테이지에서 얼마나 팀원들을 잘 지켰는지로 결정됩니다. 〈스타폭스〉는 슈퍼 패미컴의 성능을 자랑하기 위해 개발된 게임이기 때문에 전투는 매우 짜릿하며, 최고 수준의 사운드 및 그래픽을 자랑합니다.

추진기와 역추진기를 사용하여
아윙을 가속하거나 감속할 수 있습니다.

동료들을 주의 깊게 살펴보고 도와주세요.
그들은 악당을 추적하다가
적에게 추적당하기도 합니다!

플레이할 수 있는 방법

닌텐도 스위치 온라인, 닌텐도 클래식 미니 슈퍼 패미컴

〈스타폭스〉와 미공개작인 〈스타폭스 2〉도 플레이할 수 있습니다.

닌텐도 Wii-U

레트로 평점
★★★★☆

〈스타폭스 Zero〉는 이 시리즈의 여섯 번째 게임으로, Wii-U를 가지고 있다면 플레이할 수 있습니다.

당시 '스타폭스'라는 회사와의 문제로 인해 슈퍼 패미컴 버전과 닌텐도 64버전은 각각 〈Starwing〉과 〈Lylat Wars〉로 이름이 붙여졌습니다. 그러나 지금은 이 문제가 해결된 것으로 보이며, 재발매판부터는 원래의 이름으로 출시되었습니다.

심시티

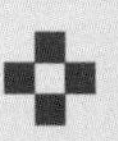

어떤 게임일까요?

**<심시티>를 통해 도시 계획 전문가가 되어
지역 행정 체계를 경험할 수 있습니다.
하나의 세계를 계획하고 건설하는 즐거움을 느껴 보세요.**

〈심시티〉는 느긋하고 여유로운 게임 중 하나입니다. 도시 계획은 시간이 오래 걸리기 때문에 게임 진행이 여유로운 것이 당연합니다. 하지만 전혀 지루하지 않습니다. 도시를 건설하고 관리하는 것은 상상 이상으로 흥미롭고 새로운 도전으로 가득합니다.

〈심시티〉는 생생한 지도 위에 건물과 인프라를 배치할 수 있는 빈 캔버스를 제공합니다. 여러분이 계획한 어떤 것들은 수익을 가져오고 또, 어떤 것들은 인기를 얻거나 그렇지 않을 수 있습니다. 이 모든 것들을 관리하면서 새롭게 창조된 도시를 발전시켜야 합니다.

다른 게임을 하며 스트레스를 받았다면 〈심시티〉에서 여유로운 시간을 보내는 것도 좋습니다.

최고의 도시 계획 전략을 펼쳐 보세요!

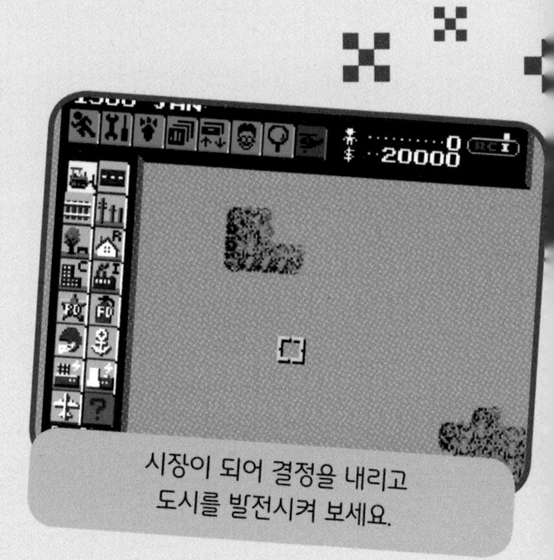

시장이 되어 결정을 내리고
도시를 발전시켜 보세요.

플레이할 수 있는 방법

레트로 평점
★★★☆☆

iOS, 안드로이드, 아마존

2014년 말 출시된 〈SimCity BuildIt〉은 〈심시티〉의 스핀오프 버전으로, 모바일 기기에서 즐길 수 있습니다. 게임 플레이는 몇 가지 차이가 있지만 여전히 도시 건설에 대해 꿈꿔 왔던 모든 것을 이룰 수 있는 좋은 방법 중 하나입니다.

PC

만약 더 많은 기능과 규모가 필요하다면, PC에서 다양한 버전의 〈심시티〉와 뛰어난 확장 팩을 경험해 보세요.

타이틀의 '심(Sim)' 부분을 보고 '심즈(Sims)'와 관련이 있는지 궁금했나요? 맞습니다! 〈The Sims〉의 디자이너인 윌 라이트가 〈심시티〉와 다수의 후속작을 개발했습니다.

슈퍼 마리오 카트

어떤 게임일까요?

버섯 왕국의 주민들이 플랫폼 게임에서 벗어나 자동차 경주 트랙으로 이동했습니다. 트랙 위에서 상대를 추월하고, 거북이 등껍질을 던지며 전략적으로 바나나 껍질을 놓습니다.

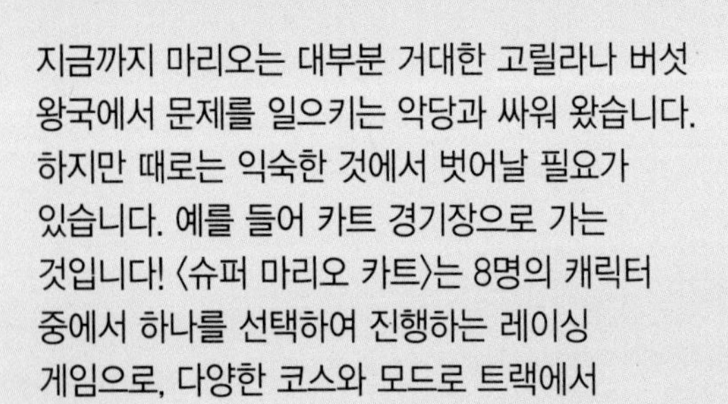

지금까지 마리오는 대부분 거대한 고릴라나 버섯 왕국에서 문제를 일으키는 악당과 싸워 왔습니다. 하지만 때로는 익숙한 것에서 벗어날 필요가 있습니다. 예를 들어 카트 경기장으로 가는 것입니다! 〈슈퍼 마리오 카트〉는 8명의 캐릭터 중에서 하나를 선택하여 진행하는 레이싱 게임으로, 다양한 코스와 모드로 트랙에서 경주합니다.

이 게임에서 돋보이는 것은 마리오의 플랫폼 게임에서 가져온 요소들입니다. 단순한 레이싱 게임에서 벗어나 많은 파워업을 얻을 수 있을 뿐만 아니라, 상대방에게 던질 수 있는 물건이나 함정을 설정할 수도 있습니다. 2인용 모드에서는 레이스를 끝내기 전에 거북이 등껍질로 상대방을 저격해 보세요. 엄청 재미있지 않을까요? 마리오와 함께 엔진에 시동을 걸고 경주를 즐기세요!

마리오와 쿠파가 바닷가에 위치한 결승점을 향해 달려갑니다!

상대방의 진행 상황을 추적할 수 있도록 지도를 활용하세요.

플레이할 수 있는 방법

레트로 평점 ★★★★☆

닌텐도 스위치 온라인

이제 닌텐도 스위치에서 오리지널 버전을 즐길 수 있을 뿐 아니라 예전처럼 같은 공간에 모이지 않고 온라인으로 친구들과 플레이할 수 있습니다.

레트로 평점 ★★★★★

닌텐도 클래식 미니 슈퍼 패미컴

슈퍼 패미컴 미니 재발매판에 〈슈퍼 마리오 카트〉가 포함되어 있으며 프로듀서인 미야모토 시게루가 의도한 대로 원래 디자인의 컨트롤러로 게임을 플레이할 수 있습니다.

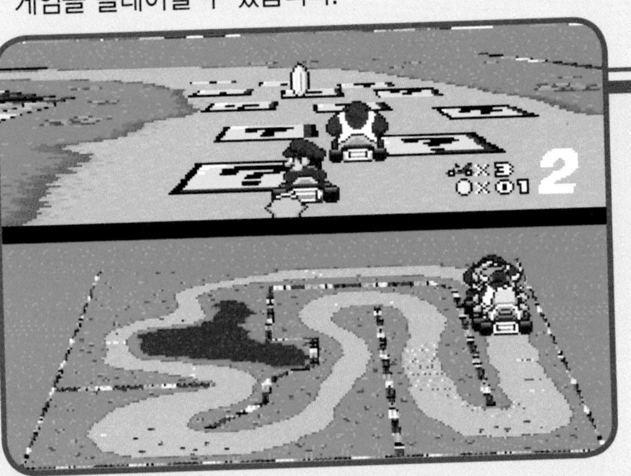

조금 이상하게 들릴 수 있지만 마리오 카트를 현실에서도 즐길 수 있습니다. 운전면허증을 가지고 있다면 일본의 도쿄 거리를 고-카트로 여행할 수 있는 관광 상품을 판매하는 회사가 있습니다. 마리오의 작업복과 콧수염은 선택 사항입니다.

Super Smash T.V.

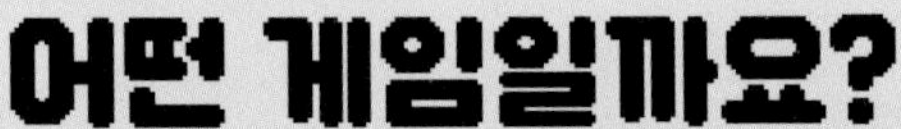

어떤 게임일까요?

**미래의 TV쇼에서는 이제껏 보지 못한 것들이 등장합니다.
총, 많은 총, 더 많은 총, 그리고 치명적인 안드로이드들이
주된 소재입니다.**

리얼리티 TV쇼에 부정적인 생각이 들 때가 있지요? 하지만 〈Super Smash T.V.〉를 접하면 리얼리티 TV쇼의 내용은 그저 시작에 불과할 뿐이라는 것을 느낄 것입니다. 이 게임에서 플레이어는 Smash TV에 참가하기 위해 용감한 (혹은 어리석은) 참가자를 조종합니다. 게임의 목표는 오직 생존입니다! 하지만 각 게임장으로 쏟아지는 수많은 로봇들이 플레이어가 조종하는 캐릭터를 공격합니다. 각 스테이지의 후반부에서는 강력한 보스 중 한 명을 상대해야 합니다.

〈Super Smash T.V.〉는 슈퍼 패미컴 컨트롤러를 훌륭하게 활용합니다. D패드의 단순한 조작 방식으로 캐릭터를 이동하고 네 개의 버튼 중 하나를 눌러 방향에 따라 무기를 발사할 수 있습니다. 조작이 간단하다고 게임 플레이가 쉬운 것은 아닙니다. 게임 고수들도 끝까지 도달하기 어려워합니다. 어려움을 이겨내고 끝까지 시도해 보세요.

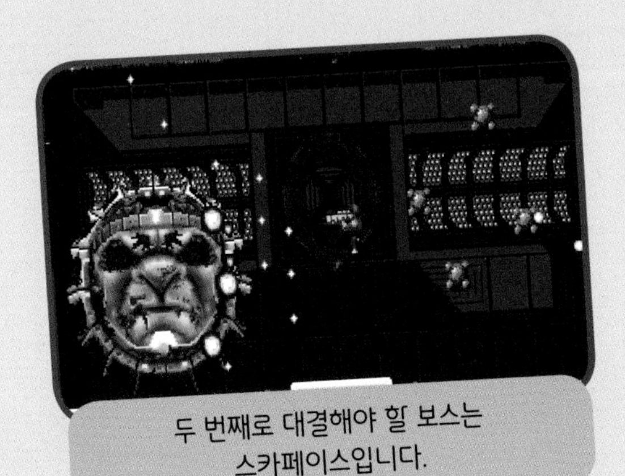

두 번째로 대결해야 할 보스는 스카페이스입니다.

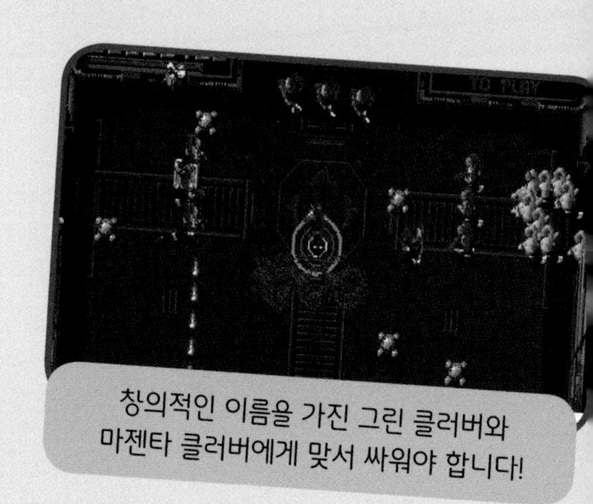

창의적인 이름을 가진 그린 클러버와 마젠타 클러버에게 맞서 싸워야 합니다!

플레이할 수 있는 방법

플레이스테이션 3, Xbox One

이 게임은 〈Midway Arcade Origins〉에 수록되어 있습니다.
이 모음집은 플레이스테이션 3와 Xbox One에서 플레이할 수 있습니다.

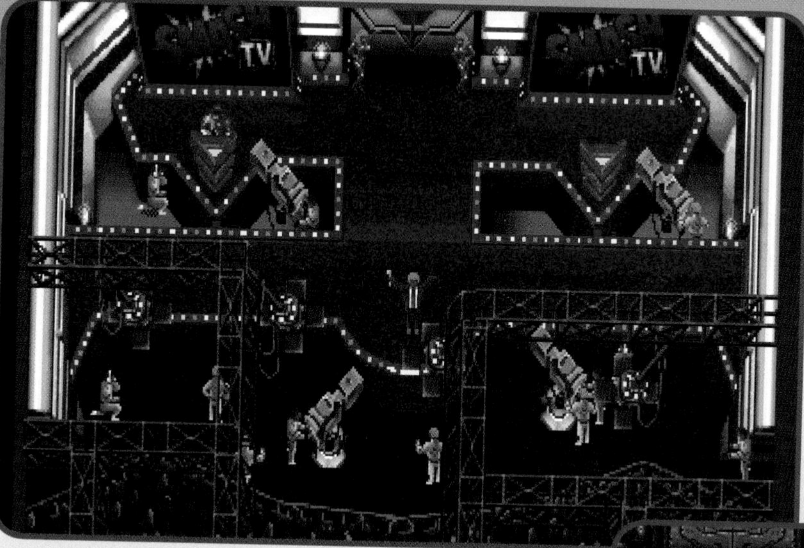

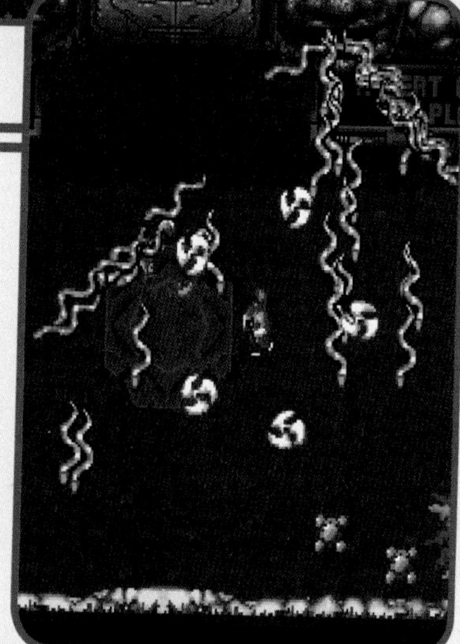

개발 당시, 게임을 모두 클리어하면 플레저 돔이라는 보너스 스테이지가 있었는데 게임 개발자들이 그 누구도 게임을 클리어하지 못할 것이라고 생각해서 이 스테이지를 제거한 뒤 게임을 출시했다고 합니다. 그러나 사람들이 게임을 클리어했는데 보너스 스테이지가 없다고 불평하자 이후 다시 추가되었습니다.

Lemmings

어떤 게임일까요?

**눈앞에 털 뭉치 쥐들이 가득하다면 어떨까요?
아마도 누군가에게는 악몽이 될 수 있습니다. 하지만 이 콘셉트가
놀랍도록 재미있는 퍼즐 게임의 기반이 되었습니다.**

〈Lemmings〉는 '북유럽의 나그네쥐 집단 자살' 이라는 근거 없는 믿음을 바탕으로 만들어진 게임으로, 플레이어는 쥐의 지배자 역할을 합니다. 게임은 다음과 같이 진행됩니다. 쥐들이 스크린에 나타나면, 플레이어는 지형을 변경하여 최대한 많은 쥐들이 안전한 곳으로 이동하도록 유도해야 합니다. 그리고 이를 위해 쥐들 중 일부에 한정된 특성을 부여하여 쥐들이 자유롭게 땅을 파고, 폭발하고, 등반하고, 떠다니고, 가로막고, 건물을 짓거나 뚫고, 광물을 캐어 안전한 곳으로 탈출할 수 있도록 해야 합니다. 또, 이 특별한 쥐들이 다른 쥐들을 이끌어 함께 탈출하는 방법도 찾아내야 합니다.

이 게임은 전통적인 퍼즐 게임으로, 쥐들에게 다양한 역할을 줄 때 신중하게 결정해야 하며, 단 한 번의 실수가 큰 혼란을 야기한다는 것을 알아야 합니다. 녹색 머리 쥐 떼는 절망적인 상황에 빠지면 플레이 상황을 더 악화시킬 수 있습니다. 하지만 리셋 옵션이 있어 다시 시작할 수 있습니다.

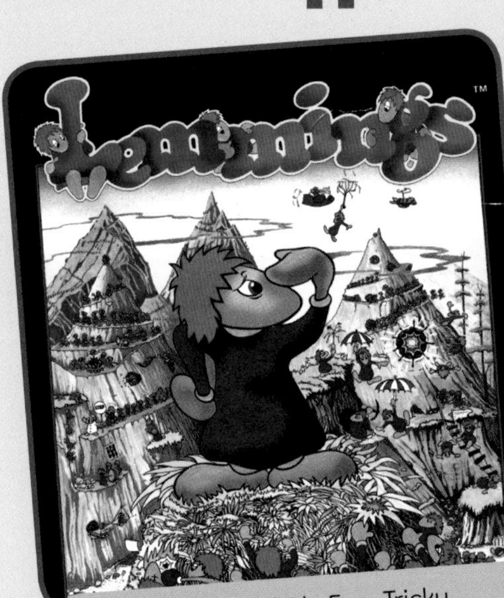

이 게임의 난이도는 Fun, Tricky, Taxing, Mayhem으로 나뉘어 있습니다!

플레이할 수 있는 방법

iOS, 안드로이드

<Lemmings>는 모바일 환경에서도 즐길 수 있습니다. 앱 스토어나 구글 플레이를 실행하면 언제 어디서나 녹색 머리 쥐 떼와 함께할 수 있습니다.

영국의 전설적인 소설가 테리 프래쳇은 <Lemmings>를 엄청 좋아했던 것으로 알려져 있습니다. 실제로 그는 너무 많은 시간을 이 게임에 소비해서 컴퓨터에서 게임을 지운 적이 있다고 합니다.

젤다의 전설 꿈꾸는 섬

어떤 게임일까요?

젤다 공주와 하이랄 대륙을 뒤로한 링크가 새로운 땅과 새로운 모험을 찾아 항해하는 시간입니다.

큰일을 겪고 나면 종종 쉬어야 할 때가 있습니다. 그건 링크도 마찬가지입니다. 링크의 휴가는 새로운 요소로 가득한 여러 모험을 보여 주었고, 이는 〈젤다의 전설〉 시리즈에 활력을 불어넣었습니다. 〈젤다의 전설 꿈꾸는 섬〉에서는 링크가 탄 배가 폭풍우에 휩쓸려 코호린트 섬 해변으로 떠밀려 옵니다. 신비로운 수다쟁이 부엉이와 대화를 나눈 링크가 섬을 빠져나가기 위해서 바람의 물고기를 깨워야 한다는 것을 깨달으며 여정이 시작됩니다.

이 게임은 탑다운 시점을 유지하면서 가끔씩 횡스크롤 시점의 퀘스트를 삽입해 패미컴에서 경험한 링크의 모험을 떠올리게 합니다. 이 게임은 미지의 땅을 탐험하고 새로운 아이템을 획득하는 것, 때때로 무장한 적과 전투하는 것, 퍼즐을 풀고 지하 던전에 들어가는 것 등의 요소들이 깔끔하게 균형 잡혀 있습니다.

이전 시리즈의 분위기가 지나치게 엄숙했다면, 〈젤다의 전설 꿈꾸는 섬〉은 재미와 깊은 상상력이 자연스럽게 더해진 게임입니다.

던전에서는 무엇이 튀어나올지 모릅니다!

플레이할 수 있는 방법

닌텐도 게임&워치

몇 년 전 닌텐도는 클래식한 게임&워치 기기를 재출시하고, 마리오와 젤다 시리즈를 재발매했습니다. 〈젤다의 전설 꿈꾸는 섬〉뿐만 아니라 〈젤다의 전설〉과 〈젤다의 전설 2 링크의 모험〉이 수록되어 있었습니다.

닌텐도 스위치

오리지널 버전은 레트로 온라인 섹션에서 이용할 수 없지만, 새로운 그래픽으로 업그레이드된 3D 버전을 구할 수 있습니다.

〈젤다의 전설 꿈꾸는 섬〉은 닌텐도가 개발자들의 자율성을 보장하여 개발팀의 실험 정신으로 만들어진 작품으로, 원래는 정식 시리즈가 아니었습니다.

마리오 골프

어떤 게임일까요?

마리오와 루이지는 버섯 왕국에 끝없이 나타나는 쿠파 군단으로부터 받는 스트레스를 어떻게 해결할까요?
맞춤 슬랙스를 입고 골프를 즐기기 위해 페어웨이로 가는 것입니다.

마리오는 일반적인 플랫폼 액션 게임 외에도 테니스 경기를 하거나 여러 가지 취미 활동을 하고 있습니다. 이번에는 〈마리오 골프〉에서 작은 하얀 공을 치며 즐거운 시간을 보냅니다. 이 게임은 11명의 플레이어 캐릭터, 4개의 코스, 그리고 토너먼트, 스트로크, 연습 모드로 구성되어 있습니다. 코스에서 여러 가지 클럽을 선택하고 타법을 달리하는 등 여러 조합이 가능합니다.

〈마리오 골프〉는 슈퍼 마리오 테마에 스포츠 시뮬레이션이 조화를 이룬 게임입니다. 또, 주어진 캐릭터 중 하나를 선택하지 않고 직접 캐릭터를 만들어 코스를 거닐며 도전 과제를 수행할 수도 있습니다. 골프에 관심이 없더라도 이 게임을 플레이하다 보면 어느새 드라이브, 칩, 보기 등에 푹 빠진 여러분의 모습을 발견할 수 있을 것입니다.

만약 마리오 캐릭터로 플레이하는 것이 마음에 들지 않는다면, 다른 캐릭터로 출발하세요.

마리오가 샷을 준비합니다.

플레이할 수 있는 방법

레트로 평점 ★★★★☆

닌텐도 스위치

전작에 비해 기능과 모드가 추가된 〈마리오 골프 슈퍼 러시〉에서는 깔끔하지만 화려한 그래픽 효과를 즐길 수 있으며 높은 완성도를 자랑합니다.

닌텐도 3DS

레트로 평점 ★★★☆☆

가상의 페어웨이를 거닐 때 3D 그래픽과 업데이트된 게임 플레이가 모두 제공되는 게임이 있습니다. 바로 닌텐도 3DS 〈마리오 골프 월드 투어〉입니다.

?

게임보이 컬러 버전 〈마리오 골프 GB〉는 닌텐도 64 버전과 거의 동시에 출시되었습니다. 이 버전에서는 게임보이를 본체에 연결하여 다양한 캐릭터를 이동시킬 수 있는 멋진 기능이 포함되어 있습니다.

메탈 기어 솔리드

어떤 게임일까요?

쉿! 조용히 하세요. 여러분은 지금 솔리드 스네이크의 세계로 들어가고 있습니다. 이곳에서는 거대한 무기를 휘두르는 광란의 전투를 벌여서는 안 됩니다. 구석이나 그림자에 숨어 기습하는 것이 중요합니다.

늘 목숨의 위협을 받는 암행 미션에 지친 솔리드 스네이크는 은퇴 후 알래스카의 외딴 마을에서 살고 있습니다. 하지만 게임 속 히어로들이 늘 그랬듯이 어떠한 계기만 있다면 그는 다시 무장하고 테러리스트들을 제압하기 위해 나설 것입니다.

〈메탈 기어 솔리드〉는 탑다운 시점으로 게임을 진행합니다. 플레이어는 총을 들고 난입하는 것이 아니라, 어두운 구석이나 틈새를 이용하여 초감각적인 미션을 통과해야 합니다. 미션은 매우 긴장감이 높은 분위기로 진행됩니다. 적을 발견하고 그들이 여러분의 은신처로 다가올 때마다 긴장하게 될 것입니다. 마침내 적들이 여러분을 발견하면, 모든 것이 대혼란으로 치닫습니다. 지금 바로 여러분의 게임 컬렉션에 추가하세요.

조용하게 움직이고 적절한 순간을 선택하세요. 그렇지 않으면 적들이 알아채고 추적할 수 있습니다!

플레이할 수 있는 방법

닌텐도 3DS

하드웨어가 더 강력해지면서 게임 속의 솔리드 스네이크의 미션도 업그레이드되었습니다. 닌텐도 3DS에서 출시된 〈메탈 기어 솔리드 3: 스네이크 이터〉는 북미권에서는 청소년 이용 불가 등급을 받게 되었습니다.

이 게임을 모두 마치면, 180개의 미니 훈련 미션을 비롯한 다양한 스텔스 콘텐츠들을 해제할 수 있습니다. 이를 통해 여러분은 스텔스 기술을 완성시킬 수 있습니다.

동키콩 컨트리

어떤 게임일까요?

평생을 높은 구조물 위에서 마리오에게 화를 내거나 버섯 왕국 주민들과 함께 고-카트를 타고 질주할 수는 없겠죠? 때로는 자연으로 돌아가야 할 때도 있습니다. 바로 동키콩이 그렇습니다.

〈동키콩 컨트리〉에서 거대한 고릴라는 이제 더 이상 악당이 아니고 정글에서 행복하게 생활하고 있습니다. 그러나 폭풍우가 치던 어느 밤, 디디콩이 바나나 창고를 지키는 데에 실패하고 바나나가 모두 사라집니다. 동키콩은 킹크루루가 이끄는 크레믈린들의 짓이라 생각하고 바나나를 되찾으러 나섭니다.

이 게임에서는 동키콩과 디디콩이 하나의 팀으로 활동합니다. 일부 구간은 동키콩의 힘과 공격력이 필요한 반면, 일부 구간은 디디콩의 속도와 높은 점프 능력을 살려야 합니다. 여정을 통해 만나는 크랭키, 펑키, 캔디 등의 캐릭터들은 각자의 방식으로 도움을 줍니다.

〈동키콩 컨트리〉에는 수영, 광산 카트 추격전, 배럴 폭발, 그림 그리기까지 다양하고 멋진 액션이 등장하며 모든 스테이지에는 작지만 재미있는 요소와 숨겨진 장소들이 가득합니다.

누구도 동키콩의 바나나를 훔치고 아무 일 없다는 듯 넘어갈 수 없습니다!

플레이할 수 있는 방법

닌텐도 3DS

여러분이 닌텐도 3DS를 가지고 있다면
이 게임의 매력을 충분히 느낄 수 있을 것입니다.

닌텐도 클래식 미니 슈퍼 패미컴

개발자들이 의도한 방식으로 모험을
즐기려면 거대한 TV 스크린 앞에서
멋진 컨트롤러로 플레이하면 됩니다

닌텐도 스위치

여러 종류의 〈동키콩 컨트리〉 시리즈
게임들은 닌텐도 스위치로 직접
다운로드해서 즐길 수 있는 클래식 슈퍼
패미컴 게임들 중 하나입니다.

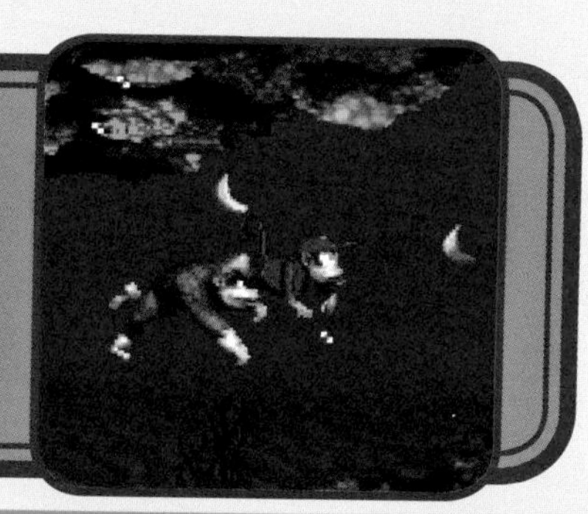

닌텐도 Wii의 〈Punch-Out!!〉 업데이트 버전에서 동키콩이 잠금 해제 가능한 캐릭터로 등장하면서 미처 뽐내지 못했던 복싱 기술이 다시 빛을 보게 되었습니다.

레이맨

어떤 게임일까요?

**점프하고 아이템을 수집하는 플랫폼 게임이 지루한가요?
그렇다면 여러분의 열정을 불타오르게 만들 새로운 게임을 추천합니다.**

〈레이맨〉은 레이맨이 미스터 다크에 의해 감옥에 가둬진 마법의 생물 일렉툰들을 구하고, 혼돈에 빠진 자신의 고향 세계를 원래대로 되돌리는 이야기입니다.
〈레이맨〉은 기본적인 점프와 펀치 스킬을 가지고 출발하는데, 스테이지가 진행되는 동안 특수 능력을 하나씩 얻을 수 있습니다. 특수 능력 중 일부는 특정 구간에서 일시적으로 사용할 수 있습니다. 게임 플레이는 매우 재미있고 화려하며 즐거운 분위기의 배경 속에서 진행됩니다.
하지만 주변 환경에 주의를 기울여야 합니다. 일부 스테이지를 클리어하기 위해서는 숨겨진 스위치를 찾아서 작동시켜야 하기 때문입니다.
레이맨은 비교적 잘 알려지지 않은 플랫폼 게임 주인공이지만, 여러분에게 즐거움을 안겨 줄 것입니다.

팅스를 수집하세요. 충분히 찾으면 추가 생명을 얻을 수 있습니다!

<레이맨>의 세계는 너무나도 밝고 즐겁습니다!

플레이할 수 있는 방법

레트로 평점 ★★★★☆

안드로이드

만약 모바일 기기에서 플랫폼 게임을 즐기고 싶다면, 〈레이맨 어드벤처〉를 다운로드하고 인크레디볼을 모두 모아 보세요!

레트로 평점 ★★★★★

닌텐도 스위치, Xbox One, 플레이스테이션 4

최신 버전의 레이맨 모험을 원한다면 〈레이맨 레전드〉가 여러분을 기다리고 있습니다. 클래식 〈레이맨〉을 바탕으로 최고 수준의 탐험이 더해진 새로운 재미를 발견할 수 있습니다.

〈레이맨〉이 개발될 당시, 처음 주인공은 지미라는 아이였습니다. 지미가 컴퓨터 속 세계인 Hereitscool에 빨려 들어가고 미스터 다크와 싸우는 역할이었습니다만 이 설정은 취소되었습니다.

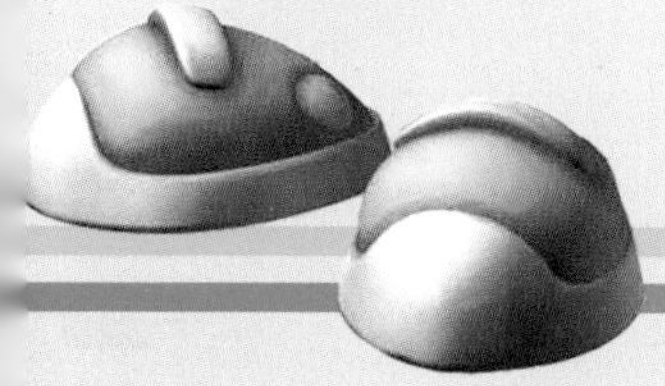

스타워즈 에피소드 1 레이서

어떤 게임일까요?

스릴 넘치는 영화 <스타워즈: 에피소드 1 - 보이지 않는 위험>의 스핀오프 게임을 소개합니다. 악당들 속에서 여러분의 레이싱 능력을 시험해 보세요.

영화 〈스타워즈: 에피소드 1 – 보이지 않는 위험〉에는 다스 몰과 포드 레이싱이라는 두 가지 흥미로운 요소가 있습니다. 특히 영화 속 포드 레이싱 장면은 근접 레이싱 액션과 최고의 기술이 가득했던 빠르고 격렬한 장면이었습니다. 〈스타워즈 에피소드 1 레이서〉는 그러한 포드 레이싱에 위험 요소를 더해 콘솔에서 완벽하게 구현한 게임입니다.

이 게임의 목표는 여러 캐릭터를 조종해 챔피언십에서 우승하여 돈을 벌고, 포드를 업그레이드하여 궁극적으로 영광스러운 레이싱 챔피언이 되는 것입니다. 훌륭하게 디자인된 트랙 덕분에 다른 레이서들의 공격이나 아이템 없이 고속 주행하는 것만으로도 충분히 매력적이고 도전할 만합니다. 만약 여러분이 순수하게 포드 운전만을 선호한다면, 타임어택 모드를 이용하여 여러분의 운전 스킬을 시험해 볼 수도 있습니다.

영화에 등장한 모든 포드를 사용해 게임에서 레이스를 할 수 있습니다.

플레이할 수 있는 방법

닌텐도 스위치 온라인

〈스타워즈 에피소드 1 레이서〉는 닌텐도 64의 인기 게임 중 하나로, 닌텐도 스위치 온라인에서 구매하여 모든 매력을 다시 느낄 수 있습니다. 또한, 트윈 포드 엔진을 개별적으로 작동할 수 있는 신기한 모션 제어 업데이트가 제공됩니다.

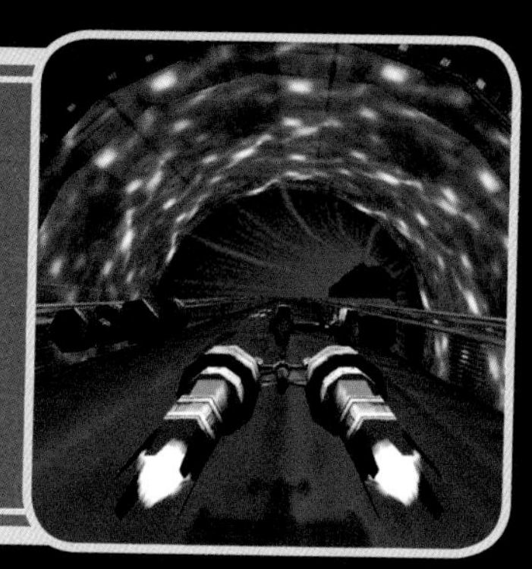

플레이스테이션 4

플레이스테이션 4에서도 포드 레이싱을 즐길 수 있습니다. 닌텐도 스위치의 모션 컨트롤과는 달리, 듀얼쇼크 4 패드를 통해 적절한 진동감을 느낄 수 있습니다.

게임은 원래 포드 레이서라고 불렸으나 포드 또는 팟(pod)이라는 단어가 포함된 게임의 권리를 소유한 다른 회사 때문에 포드를 삭제해야 했습니다.

젤다의 전설 시간의 오카리나

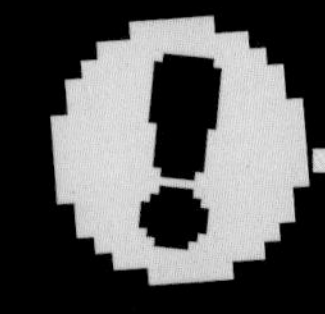

어떤 게임일까요?

우리가 좋아하는 링크가 또 다른 모험을 떠납니다.
이번에는 데크 나무가 링크의 도움을 필요로 합니다. 가논이 성스러운 영역에 들어가 신의 힘인 트라이포스를 손에 넣으려는 계획을 막아야 합니다.

〈젤다의 전설 시간의 오카리나〉는 단순한 모험이 아니라 거대하고 서사적인 모험입니다. 풍부한 사이드 퀘스트와 퍼즐, 전투로 가득합니다.
오카리나는 링크가 배우고 연주하는 노래에 따라 다른 용도로 쓰입니다. 즉, 오카리나는 링크의 모험을 완성하는 데에 필수적이기 때문에 꼭 배우고 연주해야 합니다.
링크의 새로운 모험은 친숙하고 아름다운 하이랄 대륙의 풍경으로 시작되며, 링크는 하이랄 대륙을 탐험해 자신의 목표를 이뤄야 합니다.
이 게임에서는 망치, 활, 갈고리 등 다양한 무기를 이용한 공격과 링크의 검 기술이 향상되었습니다.
게임 플레이는 적절한 속도로 진행되며, 미션을 찾기 위해 오래 걷거나 뛰어다닐 필요가 없습니다.
오히려 끊임없이 여행을 즐길 수 있습니다.
여러분, 링크와 함께 오카리나를 가지고 모험을 떠나 보세요!

여러분의 탐험을 도와줄 캐릭터들이 있습니다.
하지만 그만큼 모험이 어렵다는 말이니
좋은 소식은 아닙니다.

플레이할 수 있는 방법

닌텐도 스위치 온라인

〈젤다의 전설 시간의 오카리나〉는 최고의 게임 중 하나로 평가되어 여러 번 발매되었습니다. 처음은 게임큐브에서, 이후 닌텐도 3DS에서도 출시되었으며, 이제는 닌텐도 스위치 온라인의 닌텐도 64 클래식 게임 중 하나입니다.

닌텐도 3DS

위에서 언급했듯이, 닌텐도 3DS에서도 게임을 즐길 수 있습니다. 닌텐도 e샵에서 〈젤다의 전설 시간의 오카리나〉를 구매해 멋진 3D 환경에서의 하이랄을 탐험해 보세요.

여러분이 하이랄 캐슬타운에 도착해 마론을 처음 만날 때, 그녀의 브로치를 자세히 살펴보면 브로치가 쿠파의 얼굴과 닮았다는 것을 알 수 있습니다!

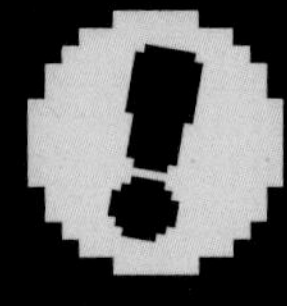

어떤 게임일까요?

클래식 게임을 새로운 시각으로 살펴볼 시간입니다.
마리오가 3D 공간으로 펼쳐진 버섯 왕국에서 다시 모험을 시작합니다.

새로운 마리오 게임을 시작할 때, 또 다시 피치 공주를 쿠파의 손아귀에서 구해야 하는 스토리에 진부함을 느낄 수 있습니다. 그러나 곧이어 마리오의 새로운 플레이가 얼마나 멋지고 재미있는지 깨닫게 됩니다.
어느 날 오후, 공주를 찾아간 마리오는 쿠파가 120개의 파워 스타를 이용해 성 주민들을 인질로 잡았다는 사실을 알게 됩니다. 마리오는 다양한 그림(포탈)을 이용해 파워 스타를 회수하고 주민들을 구해야 합니다.
슈퍼 패미컴 버전에서 업그레이드된 것 중 가장 큰 부분은 바로 게임을 3D로 즐길 수 있다는 점입니다. 〈슈퍼 마리오 64〉 개발 당시, 3D 기술을 게임에 적용시키던 시대 흐름에 맞추어 시리즈 최초로 3D 액션 게임으로 출시되었습니다.
이 게임은 15개의 거대한 맵을 클리어하더라도, 파워 스타를 모두 회수하기 위해 계속해서 탐색해야 합니다. 〈슈퍼 마리오 64〉는 여러분이 쿠파의 사악한 계획을 무찌르는 것을 더 즐겁게 할 것입니다.

마리오가 배울 수 있는
새로운 기술들이 가득합니다!

플레이할 수 있는 방법

닌텐도 스위치 온라인

닌텐도 스위치 온라인에 닌텐도 64 클래식 게임이 추가된다고 했을 때, 그중 가장 기대되는 게임은 당연히 〈슈퍼 마리오 64〉였습니다.

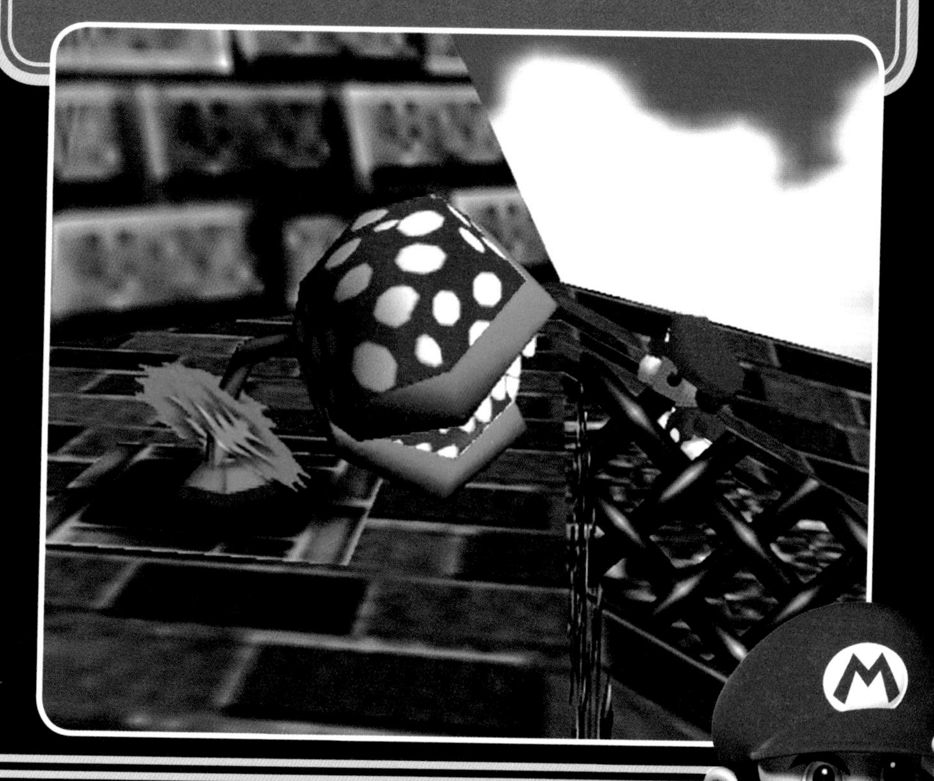

원래 〈슈퍼 마리오 64〉는 루이지와 와리오를 추가하는 것을 목표로 개발되었지만, 결국 게임에서 제외되었습니다. 그러나 이후 닌텐도 DS 버전에서는 두 캐릭터가 추가되었습니다.

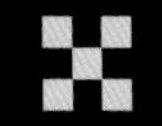

반조-카주이

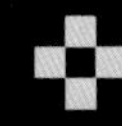

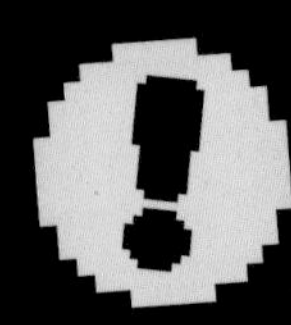

어떤 게임일까요?

닌텐도 64에서 가장 재미있고 독특한 플랫폼 게임 중 하나로, 새와 곰, 마녀와 성, 음표와 퍼즐 조각, 아름다움을 훔치는 능력을 결합한 게임입니다.

〈반조-카주이〉는 이상하지만 재미있는 게임입니다. 곰 반조와 새 카주이는 스파이럴 마운틴에 살고 있습니다. 마녀 그런틸다는 반조의 아름다운 여동생 투티의 외모를 질투해서 그녀의 아름다움을 훔칩니다. 반조와 카주이는 음악 노트를 수집하여 다양한 문을 열고, '지기'라고 불리는 다양한 퍼즐 조각을 모아 여러 스테이지를 클리어하며 그런틸다와 탑의 꼭대기에서 전투를 펼칩니다. 아직 이해하기 어렵나요? 게임을 진행하다 보면 이 모든 것을 완벽하게 이해할 수 있습니다.
〈반조-카주이〉는 겨울 왕국부터 습지대, 묘지에 이르기까지 다양한 스테이지에서 진행됩니다. 각 스테이지는 모두 창의적으로 디자인되어 있으며, 그런틸다의 부하들로 가득 차 있습니다.
이 게임은 플랫폼 장르 특유의 점프와 아이템 수집, 다양한 방법으로 적을 처리하는 게임 플레이를 제공합니다. 또한 대형 독수리에게 먹이를 주는 등 스테이지마다 여러 아이템이 있습니다.
〈반조-카주이〉 내에는 많은 웃음 포인트가 있으니 한 번 찾아보세요.

둘 중 하나는 반조를 연주하고 다른 하나는 카주를 연주하는데, 누가 누구인지 추측해 볼 수 있겠죠?

플레이할 수 있는 방법

닌텐도 스위치 온라인

〈반조-카주이〉는 오랜 시간 출시 예정 목록에 있다가 드디어 닌텐도 64 섹션에 등장했습니다.

Xbox One

Xbox One을 가지고 있다면 온라인 스토어에서 그래픽과 사운드가 개선된 〈반조-카주이〉를 만날 수 있습니다.

?

이 게임은 원래 반조만을 주인공으로 할 예정이었으나, 그가 가지게 될 능력이 늘어나면서 개발자들은 그중 일부를 다른 캐릭터에게 나누는 것이 더 합리적이라고 판단했습니다. 그래서 카주이가 등장하게 되었습니다!

스타폭스 64

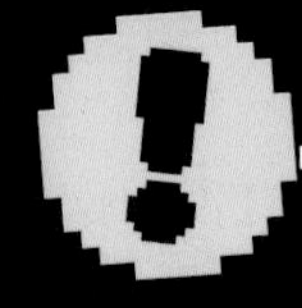

어떤 게임일까요?

다른 악당들처럼 안돌프 박사도 패배에 오래 머물러 있지 않습니다.
<스타폭스> 후속작에서는 베논 행성의 지배자가 된 안돌프 박사가
라일라트계에 전쟁을 선포했습니다.
그리고 첫 번째 타깃이 되는 행성이 바로 코네리아입니다.

천재적인 지능의 악당들은 도대체 왜 이럴까요? 패배하면 잠시 물러났다가 다시 나타납니다. 다행히 폭스 맥클라우드와 그의 동료들은 또 다시 악당을 물리칠 준비가 되어 있습니다. 〈스타폭스 64〉는 화끈하고 폭발적인 우주 전투 게임으로, 이길 수 없을 것 같은 어려운 보스와 전투하며 다양한 환경을 탐험하는 15개의 스테이지로 이루어져 있습니다. 스테이지는 서로 연결되어 여러 가지 경로를 통해 이동할 수 있고, 선택한 경로에 따라 다음 목적지가 결정됩니다. 이 게임은 전투기 후방에서 전방을 보는 슈팅 방식과 자유롭게 활공하며 전투할 수 있는 모드가 혼합되어 있습니다. 특히 자연스러운 전투기의 움직임이 미션에 더 몰입할 수 있게 해 줍니다. 이 외에도, 땅과 수중 미션에서 랜드마스터 탱크나 블루마린 잠수함으로 미션을 수행할 수 있습니다. 〈스타폭스 64〉에는 4명이서 즐길 수 있는 멀티플레이 모드도 있습니다.

아윙은 무제한 레이저 탄환과
몇 발의 스마트 폭탄을 장착하고 있습니다.

플레이할 수 있는 방법

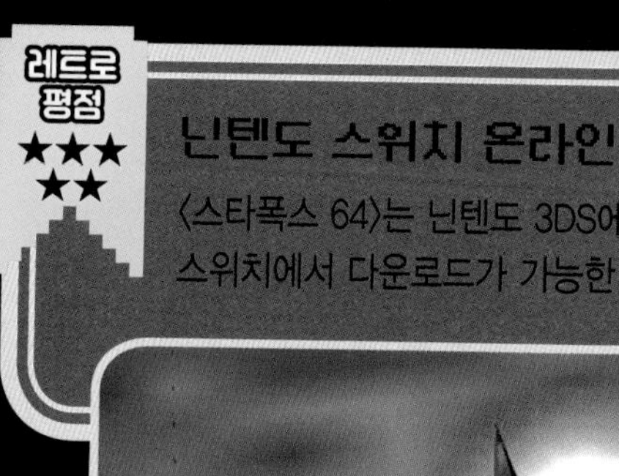

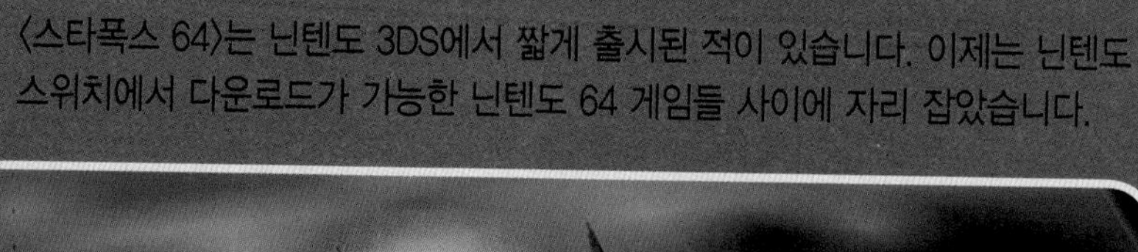

닌텐도 스위치 온라인

〈스타폭스 64〉는 닌텐도 3DS에서 짧게 출시된 적이 있습니다. 이제는 닌텐도 스위치에서 다운로드가 가능한 닌텐도 64 게임들 사이에 자리 잡았습니다.

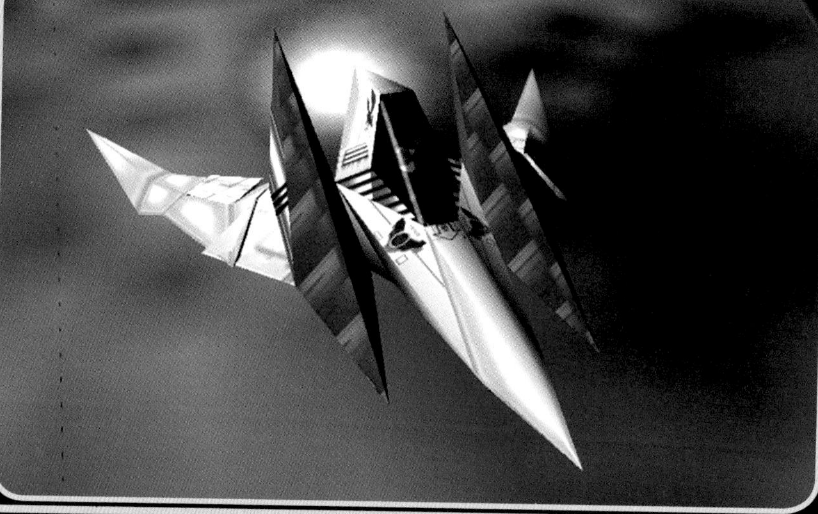

슈퍼 패미컴용으로 〈스타폭스 2〉가 계획되어 있었으나 게임이 완성되던 때 출시된 소니 플레이스테이션 그래픽에 비해 게임이 뒤처져 보여서 출시되지 못했습니다. 하지만 곧이어 닌텐도 64가 출시되었고 게임의 70% 정도가 삭제되고 재개발되어 〈스타폭스 64〉로 출시되었습니다.

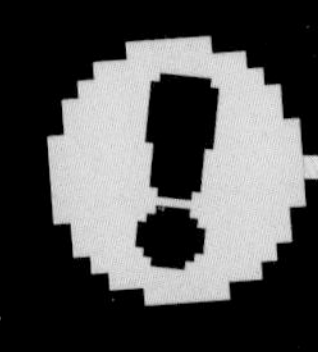

어떤 게임일까요?

링크를 펀치로 쓰러뜨리거나 동키콩과 싸우며 마리오 또는 루이지의 콧수염을 뽑고 사무스 아란이나 폭스 맥클라우드의 역할을 할 수 있는 세계를 상상한 적이 있나요? 그 세계가 곧 펼쳐집니다.

닌텐도 캐릭터들이 본래의 게임 환경에서 벗어나 새롭게 등장했습니다. 〈슈퍼 스매시브라더스〉에서는 이들이 서로 대결하여 격렬하게 싸웁니다. 닌텐도 64에 이 게임이 출시되기 전까지 아무도 이런 조합이 나올 것이라고 예상하지 못했을 것입니다. 이 게임은 닌텐도를 상징하는 12명의 캐릭터 중 하나를 선택해 토너먼트 모드로 플레이하거나 4인용 대전 모드에서 서로 대결할 수 있습니다.

보통의 격투 게임과 달리 〈슈퍼 스매시브라더스〉는 일본의 스모 경기와 유사한 게임 규칙을 가지고 있습니다. 각 경기의 목표는 제한 시간 동안 상대 캐릭터를 전투 플랫폼에서 가장 많이 날려 버리는 것입니다. 클래식 게임을 바탕으로 한 여러 스테이지에서 대결할 수 있으며, 특수 능력과 다양한 무기를 사용하는 방법을 마스터해야 합니다. 격투 게임이라는 특성상 폭력성이 묻어나긴 하지만, 〈슈퍼 스매시브라더스〉는 〈마리오 카트〉와 비슷한 밝은 분위기로 재미있고 건강한 경쟁이 가능합니다. 분명 여러분도 즐거운 시간을 보낼 수 있을 것입니다.

마리오와 루이지 중에서
누가 더 상대를 잘 공격할까요?

플레이할 수 있는 방법

닌텐도 3DS

만약 닌텐도 3DS가 손에 더 맞는다면 〈슈퍼 스매시브라더스 for 3DS〉를 즐길 수 있습니다. 닌텐도 64 버전보다 캐릭터와 전투 스테이지 수가 더 많지만, 얼티밋 버전만큼은 아닙니다.

닌텐도 스위치

닌텐도 스위치에서는 더 많은 캐릭터와 공격 스킬이 있는 〈슈퍼 스매시브라더스 얼티밋〉을 즐길 수 있습니다. 이 게임에서는 장갑을 낀 새하얀 오른손 '마스터 핸드'가 최종 보스로 등장합니다.

〈슈퍼 스매시브라더스〉 시리즈에 등장하는 마스터 핸드는 게임의 최종 보스 중 한 명입니다. 예상하듯이 마스터 핸드는 상당히 강력한 손바닥 치기와 펀치를 선사합니다!

마리오 카트 64

어떤 게임일까요?

더 크게! 더 뛰어나게! 더 빠르게! 그리고 더 재미있게!
마리오와 그의 레이싱 동료들이 후속작으로 돌아왔습니다.

새로운 콘솔이 출시될 때 고전 게임을 재발매하는 것은 닌텐도의 전통입니다. 3D 트랙 위로 움푹 파인 부분이나 낭떠러지, 울퉁불퉁한 지형이 있으면 어떨까요? 더 많은 종류의 파워업과 경쟁 상대에게 던질 수 있는 아이템이 늘어나면 어떨까요? 최고의 레이스 트랙에서 4명이 서로 경쟁할 수 있는 멀티플레이어 모드가 있으면 어떨까요?

〈마리오 카트 64〉는 앞에서 나열한 이 모든 것들이 반영되어 출시되었습니다. 캐릭터를 선택하고 트랙을 달려 최상위에 올라 그랑프리에서 우승하는 본질적인 게임 플레이는 동일합니다. 레이서들을 방해하는 아이템들을 한 번에 여러 개씩 가질 수 있고 새로운 아이템도 많이 추가되었습니다. 자신의 최고 기록 경신을 즐기는 플레이어들을 위한 타임어택 모드도 있습니다. 물론, 〈마리오 카트 64〉의 궁극적인 목표는 여전히 플레이어를 즐겁게 하는 것입니다.

마리오는 루이지를 추월하거나
물리칠 준비를 합니다.

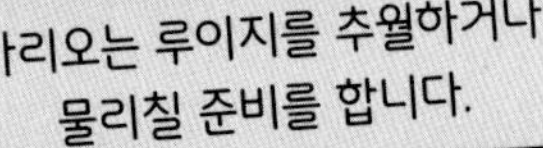

플레이할 수 있는 방법

닌텐도 스위치 온라인

〈마리오 카트 64〉는 닌텐도 스위치 온라인에서도 이용할 수 있습니다! 친구들을 초대하고 확장 팩에서 함께 레이스를 즐기세요.

닌텐도 스위치

닌텐도 64의 〈마리오 카트 64〉는 최대 4명의 플레이어가 레이스를 펼쳤지만, 닌텐도 스위치의 〈마리오 카트 8 디럭스〉는 8명의 레이서가 최종 목적지를 향해 레이스를 펼칩니다.

닌텐도 스위치

〈마리오 카트 라이브: 홈 서킷〉은 이 게임 시리즈의 최신작입니다. 플레이어가 실제로 고-카트를 조종하면 그 움직임이 닌텐도 스위치 스크린에 나타나는 증강현실 레이싱이 가능합니다. 이제 여러분의 방 안에서 레이싱을 즐겨 보세요.

개발 초기 〈마리오 카트〉의 주인공은 작업복을 입은 평범한 사람이었다고 합니다. 그러나 개발팀이 〈슈퍼 마리오〉 시리즈 캐릭터들이 운전을 하면 어떤 모습일지 궁금해서 이들을 주인공으로 채택했다고 합니다.

요시 스토리

어떤 게임일까요?

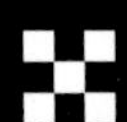

**행복과 즐거움을 추구하는 게임 중에서
이 게임이 가장 행복하고 재미있을 것입니다.
드디어 요시가 플랫폼 위에서 주인공이 되는 차례를 맞이했습니다.**

요시는 언제나 즐거운 친구였는데, 이 게임을 통해 그 이유를 알 수 있습니다. 〈요시 스토리〉에 등장하는 요시 마을의 요시들은 행복의 나무 덕분에 행복하게 살고 있었습니다. 그러나 베이비 쿠파가 나타나 행복한 섬을 팝업 동화책으로 바꿔 버렸고, 행복의 나무를 훔쳐 갔습니다. 다행히 베이비 쿠파의 악행에서 살아남은 6개의 알이 있었고, 그 알에서 부화한 아기 요시들은 행복의 나무를 되찾기 위해 쿠파 성으로 모험을 떠납니다. 여러분이 선택한 요시로 게임을 시작하면, 자유롭고 매력적인 탐험이 펼쳐집니다. 특히 점프 스킬 이후에 연계할 수 있는 날갯짓은 공중에서 더 오래 머물 수 있게 합니다.
〈요시 스토리〉는 마리오의 버섯 왕국 모험을 어려워하는 어린이 플레이어들을 위해 개발된 게임이기에 성인들에게는 쉬울 수 있지만 순수한 즐거움과 천진난만한 장난기가 그런 아쉬움을 상쇄해 줍니다. 이 게임의 주된 목적이 모두가 더 행복해지는 것이기 때문입니다.

각 스테이지에서 나무에 달린 과일을 30개씩 먹으면 다음 스테이지로 넘어갈 수 있습니다.

플레이할 수 있는 방법

닌텐도 스위치 온라인

닌텐도 스위치 온라인에 닌텐도 64 컬렉션이 점점 늘어나고 있습니다. 이제는 아기 요시의 이야기도 즐길 수 있습니다. 행복한 기분으로 모험을 준비하세요!

레트로
평점
★★★
★☆

닌텐도 스위치

요시는 여러 게임에 출연했을 뿐만 아니라 주인공으로도 여러 번 모험을 떠났습니다. 그중에서 최근에 출시된 게임은 〈요시 크래프트 월드〉입니다.

?

거북이일까요? 공룡일까요?
요시가 만약 공룡이라면 요시의 풀 네임은 바로 'T. 요시사우르스 쿠파스우걱우걱'이 될 것 같네요.

스타워즈 로그 스쿼드론

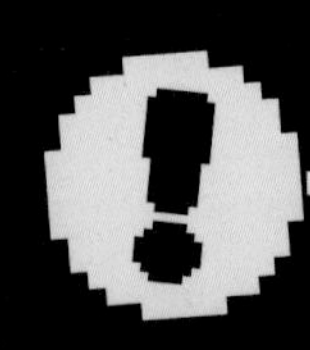

어떤 게임일까요?

닌텐도 64 라인업에 또 다른 스타워즈 게임이 있습니다! 이번에는 행성에서의 레이싱이 아닌 하늘을 나는 게임입니다. 물론, 이 게임에서도 강한 포스가 필요합니다.

〈스타워즈 로그 스쿼드론〉은 아케이드 스타일의 전투 게임으로, 영화 〈스타워즈〉에 등장하는 반란 연합의 로그 편대가 주인공으로 활약합니다. 여러분의 임무는 루크 스카이워커를 조종하여 로그 스쿼드론을 승리로 이끄는 것입니다. 닌텐도 64의 아날로그 스틱을 활용하는 클래식 전투기를 사용해 제국군과 전투하고 보너스 전투기를 잠금 해제할 수 있습니다.

진행 속도가 빠른 아케이드 스타일 게임이지만, 실제 게임 진행은 상당히 어렵습니다. X-윙의 조종은 쉽게 마스터할 수 있지만, 주어진 미션을 클리어하기 어렵기 때문입니다. 하지만 최고의 사운드트랙과 그래픽은 플레이어가 스타워즈 속 우주에 완전히 몰입할 수 있게 하고, 각 미션을 여러 차례 도전할 마음이 생기게 합니다.

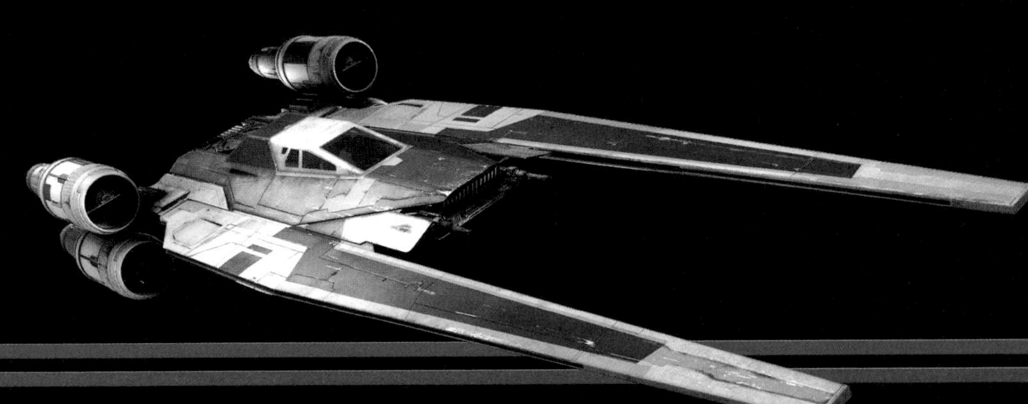

플레이할 수 있는 방법

닌텐도 스위치 온라인

닌텐도 스위치에서 〈스타워즈 로그 스쿼드론〉은 플레이할 수 없지만, 진정한 스타워즈를 경험할 수 있는 좋은 게임들이 있습니다. 그중 주목할 만한 것은 루크 스카이워커를 따르며 더 강력한 제다이가 되는 게임인 〈스타워즈 제다이 나이트: 제다이 아카데미〉입니다.

PC, Xbox One, 플레이스테이션 4

본격적으로 멀리 떨어진 은하계를 비행하고 싶다면, 〈스타워즈: 스쿼드론〉으로 스타파이터를 조종해 보세요!

닌텐도 64용 〈스타워즈 로그 스쿼드론〉 게임 출시 이후에 영화 〈스타워즈: 에피소드 1 - 보이지 않는 위험〉이 개봉될 예정이었기 때문에 나부 스타파이터가 게임에 추가되었습니다.

Tony Hawk's Pro Skater 2

어떤 게임일까요?

첫 작품에서 꽤 좋은 출발을 한 뒤 발매된 두 번째 작품은 시리즈를 성공적으로 이끌며 액션 스포츠 장르를 함께 일으켜 세웠습니다.

〈Tony Hawk's Pro Skater〉 시리즈는 여러 가지 장점을 가지고 있습니다. 실제 스케이트보더를 조종하며 그들의 패션, 음악, 기술이 게임에 녹아 있다는 점도 장점이지만 이 게임은 조금 더 특별한 무언가를 지니고 있습니다. 입문은 쉽지만 그만두기가 너무 어렵기 때문입니다. 플레이어는 스케이트보더를 선택하고 다양한 코스를 통과하여 도전 과제를 클리어하고 다음으로 넘어가면 됩니다. 커리어 모드 외에도 멀티플레이어 게임, 타임어택 등이 있습니다.

이 게임은 실제 스케이트보드를 타는 것처럼 느껴지도록 완벽하게 고증된 물리 엔진과 사운드 효과를 갖추고 있기 때문에 현실감 있는 플레이가 가능합니다.

이 게임에서 가장 중요한 콘텐츠는 바로, 자유 스케이트 모드입니다. 제한된 시간도 없고 높은 점수도 없으며 도전 과제도 없어서 가상의 스케이트보드를 즐길 수 있는 최고의 모드입니다. 보드를 가져와서 즐겨 보세요!

베니스 비치는 창의적으로 콤보를 수행하기 좋은 장소 중 하나입니다.

플레이할 수 있는 방법

닌텐도 스위치 온라인, 플레이스테이션 4, Xbox One

2020년 〈Tony Hawk's Pro Skater 1, 2〉가 HD 화질로 업그레이드되어 다양한 플랫폼에서 재발매되었습니다.

게임 속 토니 호크의 시그니처 스페셜 무브인 'The 900'은 그가 실제로 익히는 데 13년이 걸렸다고 합니다. 첫 'The 900'을 성공적으로 수행한 후에는 아주 드물게 보여 주는 어려운 기술이었습니다.

젤다의 전설 바람의 지휘봉

어떤 게임일까요?

하이랄의 푸른 초원을 돌아다니던 링크는 이제 없습니다. 다시 태어난 링크는 큰 파도를 타고 해적들과 어울리며 바다를 항해합니다!

링크가 하이랄 대륙을 떠나 수평선 너머로 항해하는 모습은 꽤나 큰 변화입니다. 하지만 이 변화는 여러 부분에서 극찬을 받았습니다. 〈젤다의 전설 바람의 지휘봉〉의 스토리는 지금은 전설이 된 '시간의 용사'와 같은 이름을 가진 소년이 살고 있는 프롤로 섬에서 시작됩니다. '시간의 용사'는 여러분이 알고 있는 〈젤다의 전설 시간의 오카리나〉의 링크입니다. 프롤로 섬의 링크가 마을의 전통에 따라 초록색 옷을 입고 '시간의 용사'의 뜻을 기리던 중, 여동생이 납치됩니다. 여동생을 구하기 위해서는 해적단과 협력하여 말하는 배 '붉은 사자 왕'을 타고 바다를 항해해야 합니다. 링크의 항해를 도와주는 것이 '바람의 지휘봉'이라는 악기입니다. 이 악기는 바람의 방향을 바꿀 수 있습니다.
물론 이 게임에서도 탐험과 전투, 던전, 산, 섬, 바다와 같은 오리지널 요소와 사이드 퀘스트가 포함되어 있습니다.

게임 속 선박 항해는 느리게 진행되기 때문에 세밀하게 관찰하고 섬과 바다에 몰입할 수 있습니다. 게임 속 지도는 중요한 장소를 강조해 주기 때문에 스토리를 따라 중요한 장소를 방문하기 쉽습니다. 그러나 모든 것이 원활하게 이루어지는 것은 아니며, 모험하는 동안 해결해야 할 많은 퍼즐들과 겪어야 할 전투들이 있습니다. 〈젤다의 전설 바람의 지휘봉〉으로 또 다른 링크와 모험을 떠나 보세요.

검과 방패, 그리고 푸른 바다의 부름이 링크의 모험에 필요한 모든 것입니다.

플레이할 수 있는 방법

레트로 평점 ★★★★☆

닌텐도 Wii-U

여러분이 Wii-U를 가지고 있다면 리마스터 버전인 〈젤다의 전설 바람의 지휘봉 HD〉로 링크의 해상 모험을 즐길 수 있습니다.

?

〈젤다의 전설 바람의 지휘봉〉에는 원래 게임큐브 모양의 섬을 만들 계획이 있었지만 중단되었습니다. 하지만 이후 후속작인 〈젤다의 전설 몽환의 모래시계〉에서 그 계획이 부활했고 그 결과, 닌텐도 DS 모양을 한 두에스 섬이 생겼습니다.

어떤 게임일까요?

조용하고 평온한 마을에서 아늑한 집을 짓고 대출을 갚는 것을 선호한다면, <동물의 숲+>가 여러분을 위한 게임일 것입니다.

〈동물의 숲+〉는 안식처와 같은 게임입니다. 이 게임에는 악당 과학자, 난폭한 외계인, 위험천만한 점프, 끊임없는 레이저 사격 소리가 없고, 서툴게 운전하는 레이싱 카, 지나치게 흥분한 스포츠 선수도 등장하지 않습니다. 대신 섬마을에 도착하고 좋은 집으로 이사한 뒤 친근한 동물들과 함께 현지 생활을 즐기는 평온함만이 있습니다.
〈동물의 숲+〉의 목표는 평화롭게 사는 것입니다. 편지 쓰기, 장식하기, 그리고 친구들의 섬에 방문해 이야기를 나누거나 물건을 교환하는 등 여러분이 하고 싶은 일을 선택할 수 있습니다.
게임은 실시간으로 진행되기 때문에 콘솔을 켜지 않아도 게임 세계는 계속해서 시간이 흐릅니다 (계절도 바뀝니다). 낮에 플레이하면 마을에 생기가 넘치지만, 저녁에 다시 방문하면 상점에 불이 꺼진 것을 볼 수 있습니다. 이 게임은 현대 게임의 스트레스와 압박에서 벗어나는 휴식을 제공합니다.
〈동물의 숲+〉에서 여유로운 시간을 가져 보세요.

보라색 친구와 함께하는 하루는 여러분이 경험할 평온한 마을의 일상입니다.

플레이할 수 있는 방법

iOS, 안드로이드

〈동물의 숲 포켓 캠프〉는 모바일 기기로 대자연을 만날 수 있게 해 주며, 꿈에 그리던 캠핑장을 만들고 꾸밀 수 있는 모든 도구를 제공합니다.

레트로 평점
★★★★★

닌텐도 스위치

〈동물의 숲〉 시리즈는 첫 출시 후 계속 진화했습니다. 최신 시리즈인 〈모여봐요 동물의 숲〉은 닌텐도 스위치에서 즐길 수 있습니다.

〈동물의 숲〉의 디자이너인 카츠야 에구치는 새로운 도시로 이사하여 아무도 모르는 상황에서 느꼈던 외로움을 전달할 수 있는 게임을 만들고자 했습니다. 다행히도 우리가 아는 〈동물의 숲〉은 외롭지 않고 매우 유쾌합니다!

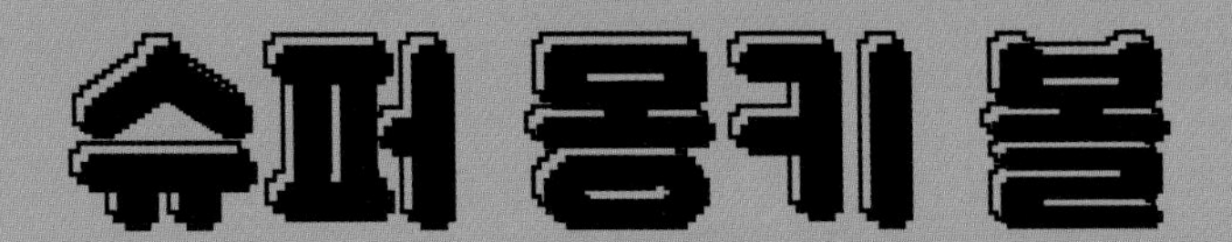

어떤 게임일까요?

원숭이들이 공 안에 들어가 있고, 재미있는 게임을 합니다.
바로 <슈퍼 몽키 볼>입니다!
힘껏 구르다 보면 엄청난 재미를 경험할 수 있습니다.

〈슈퍼 몽키 볼〉은 플랫폼을 기울여 움직이는 공 안에 있는 원숭이를 장애물을 통과해서 목표 지점까지 이동시키는 게임입니다. 물론 원숭이가 플랫폼 밖으로 떨어지지 않도록 조심해야 합니다. 스테이지를 클리어할수록 게임은 점점 더 어려워지며 게임 후반에는 강력한 멀티 플랫폼 루트가 등장합니다.
이 게임에는 세 가지 난이도와 여러 가지 플레이 모드가 있으며, 골프, 볼링, 당구와 같은 다양한 공 관련 미니 게임도 함께 즐길 수 있습니다.

〈슈퍼 몽키 볼〉의 가장 좋은 점 중 하나는 4명이서 함께 즐길 수 있는 멀티플레이 옵션이 있다는 점입니다. 이 옵션을 이용하면 4명이 차례로 각자 선택한 원숭이를 이동시키거나, 파티 모드에서 경주, 싸움, 또는 원숭이를 목표물에 발사하는 게임을 즐길 수 있습니다. 플레이어는 화려한 게임 그래픽과 적절한 원숭이 사운드로 재미를 느낄 수 있습니다. 원숭이들과 신나게 놀아 보세요!

바나나를 잡고 목표 지점으로 가세요.
슈퍼 원숭이의 일상은 굉장히 단순합니다.

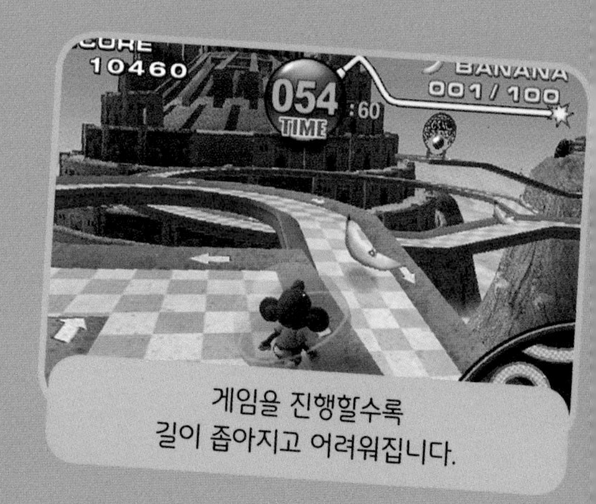

게임을 진행할수록
길이 좁아지고 어려워집니다.

플레이할 수 있는 방법

닌텐도 스위치, 플레이스테이션 4, Xbox One

〈슈퍼 몽키 볼〉은 여러 스핀오프와 후속작을 가지고 있습니다. 그중 하나인 〈슈퍼 몽키 볼 바나나 마니아〉는 게임 플레이 방식이 원작과 동일하며, 300개의 스테이지, 12개의 미니 게임, 그리고 멀티플레이어 모드가 있습니다.

〈슈퍼 몽키 볼〉이 아케이드로 출시될 당시에는 바나나 모양의 조이스틱으로 움직임을 조종했다고 합니다!

메트로이드 퓨전

어떤 게임일까요?

지금까지 웃음 가득한 환상 세계에서 플레이하는 게임보이 게임을 접했다면, 여기 어두운 분위기의 게임을 한 번 살펴보세요! 이 게임은 식은땀을 흘리며 주먹을 쥘 만큼 긴장감 넘치는 분위기를 자아냅니다.

〈슈퍼 메트로이드〉에서 우주 해적과 메트로이드를 격퇴한 사무스 아란에게 평화로운 일상이 찾아왔을까요? 그렇지 않습니다. 사무스 아란은 은하연방의 의뢰를 받아 또 다시 과학자들과 함께 SR388을 조사하러 떠납니다. 그러나 불운하게도 사무스 아란은 수수께끼 생물 X에게 감염되었고, 그 상태로 귀환 중 의식을 잃어 그가 탄 우주선이 아스테로이드 벨트와 충돌합니다. 가까스로 탈출한 사무스 아란은 은하연방이 만든 백신을 맞고 목숨을 건집니다. 그러나 감염된 자신의 파워 슈트에서 새로운 적인 SA-X가 탄생하고 맙니다. 〈메트로이드 퓨전〉은 전투력이 약화된 사무스 아란이 자신보다 강력한 적을 쓰러뜨리는 것을 중심으로 전개됩니다. 따라서 '긴장감'이라는 요소가 이 게임의 핵심입니다! 게다가 이 게임은 단순한 탐색이 아니라 SA-X에게 쫓기고 반대로 SA-X를 쫓는 것도 중요합니다. 플레이어는 사무스 아란의 특징적인 기술을 사용해 다른 적들을 물리칠 수 있습니다. 여러분, 수준 높은 게임보이 어드밴스 게임을 즐길 준비가 되었나요?

부상으로 약해진 사무스 아란이 주변을 탐색합니다.

플레이할 수 있는 방법

레트로 평점 ★★★★☆

닌텐도 스위치 온라인

〈메트로이드 퓨전〉을 다운받아 SA-X와 대결해 보세요. 이 외에도 〈메트로이드 드레드〉에서 사무스 아란의 새로운 파워업 어빌리티를 경험해 보세요.

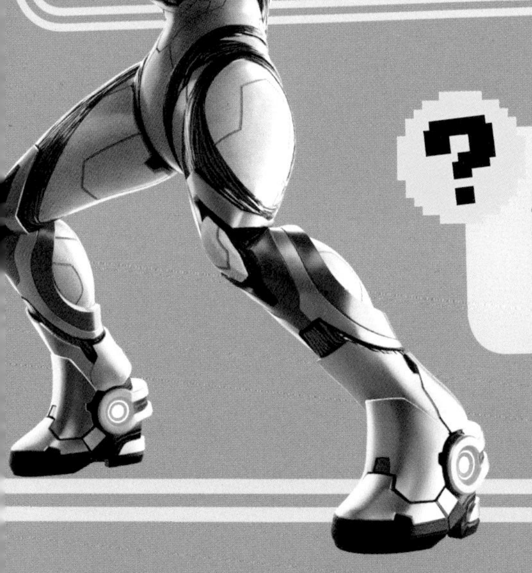

? **모험을 시작할 때 섹터 1의 대기 조절 장치를 자세히 살펴보세요. 왼쪽 상단 모서리에 게임큐브의 이미지가 숨겨져 있습니다!**

마리오 vs. 동키콩

어떤 게임일까요?

마리오와 동키콩은 게임 세계에서
가장 오랜 세월 동안 앙숙 관계인 캐릭터들 중 하나일 것입니다!
도대체 무엇 때문에 이들은 여전히 사이가 나쁜 것일까요?

오래전부터 이어져 온 마리오와 동키콩의 갈등을 볼 수 있다는 것은 좋은 일입니다. 이 게임에서는 둘 사이에 새로운 갈등이 생기는데 바로, 장난감 때문입니다. 버섯 왕국에서 발매한 미니 마리오 피규어가 큰 인기를 끌고, 동키콩도 피규어를 구입하고자 서둘러 상점으로 향합니다. 그러나 이미 피규어는 품절된 상황이었습니다. 이에 동키콩은 장난감 공장에서 피규어를 훔칠 계획을 세웁니다. 동키콩이 피규어를 훔친 것을 전해 들은 마리오는 피규어를 되찾기 위해 동키콩을 추적합니다.

〈마리오 vs. 동키콩〉은 뛰어난 플랫폼과 퍼즐 콘텐츠가 담긴 게임입니다. 마리오는 좌우로 던지기, 하이 점프, 물구나무 서기 같은 동작을 할 수 있으며 이를 마스터하는 것이 게임 진행에 매우 중요합니다. 각 스테이지에서 잠긴 문의 열쇠를 찾고, 미니 마리오 6개를 모아서 토이 박스로 안내한 다음, 마지막으로 보스 배틀을 진행해야 합니다.

이 게임은 플랫폼 게임에서 보이는 대표 요소들이 훌륭하게 접목되어 액션과 난이도 측면에서 뛰어나다는 평가를 받고 있습니다. 마리오와 동키콩의 갈등과 경쟁이 계속 이어지길 바랍니다!

마리오, 동키콩 그리고 몇몇 요소들
- 어떤 것들은 영원히 유행할 것입니다.

플레이할 수 있는 방법

닌텐도 Wii-U

Wii-U에서 마리오와 동키콩의 대결을 경험해 보세요.

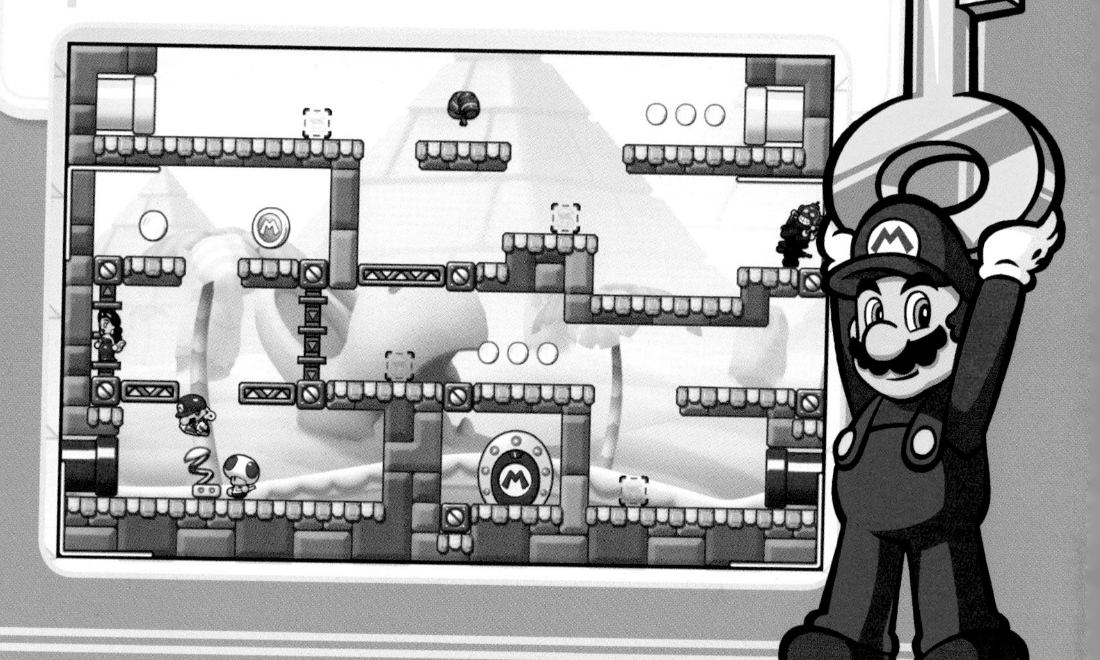

2024년 닌텐도 스위치 전용으로 출시된 <마리오 vs. 동키콩>은 시리즈 최초이자 유일하게 한국어가 지원됩니다.

세가 타임라인

세가는 모두가 꿈꿔 왔던 최고 수준의 멋진 콘솔과 게임들을 만들어 냈습니다.

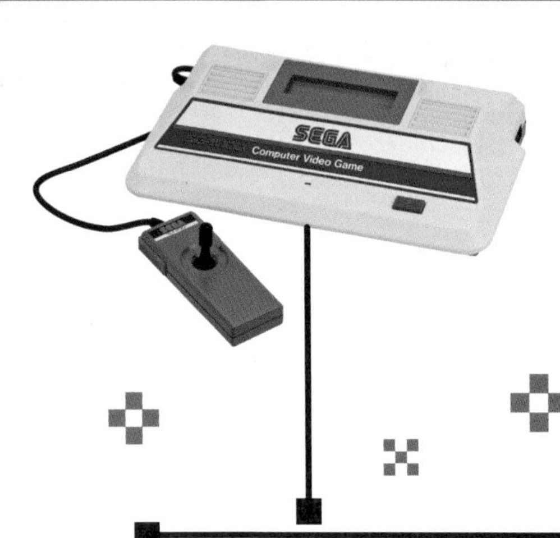

마스터 시스템

8비트 시장이 호황을 이루는 가운데, 세가는 닌텐도 패미컴과 경쟁하기 위해 마스터 시스템을 선보였습니다.

1985

1983

SG-1000

세가는 1983년 이 기기로 콘솔 시장에 진입했습니다.

1988

메가 드라이브 / 제네시스

세가가 발매한 가정용 콘솔 기기 가운데 최다 판매량을 기록한 모델로, 한때 16비트 게임 시장을 이끌기도 했습니다.

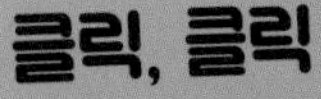

클릭, 클릭

1983년은 정말 대단한 해였습니다. 마이크로소프트에서 최초의 상용 컴퓨터 마우스를 출시했고 맥도날드의 상징적인 치킨, 맥너겟이 탄생한 해이기도 합니다!

미국에서는 상표권 문제로 제네시스라는 이름으로 출시되었습니다.

스스스네이크

1990년대 막바지에 등장한 노키아 3210 휴대 전화가 베스트셀러가 된 이유 중 하나는 이 휴대 전화로 플레이할 수 있었던 중독성 있는 게임인 〈스네이크〉 때문입니다. 그리고 이 휴대 전화는 통화 외의 다른 용도로 사용되는 휴대 전화 트렌드의 시작을 알렸습니다!

1990

게임 기어

게임보이보다 더 좋은 점은 무엇일까요? 컬러로 된 휴대용 게임기라는 점입니다.

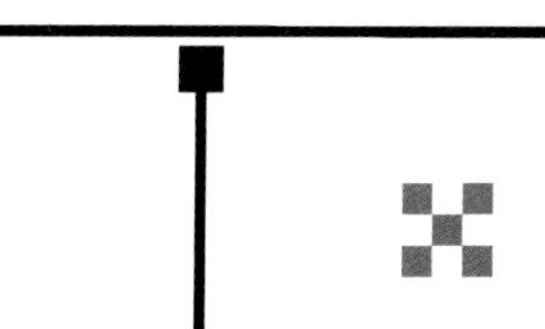

1994

세가새턴

2D 그래픽 처리 속도가 빠르고 품질 면에서도 우수한 모델로, 일본에서는 인기가 많았던 반면 북미권에서는 전작인 제네시스(메가 드라이브)의 인기를 넘지는 못했습니다.

1998

드림캐스트

개발 당시 막강한 성능으로 큰 기대를 모았지만 콘솔 게임기로서 플레이스테이션 2, Xbox, 게임큐브에 대적하지 못했습니다.

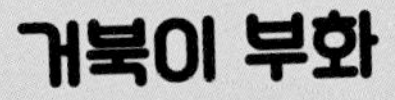

거북이 부화

〈닌자 거북이〉 시리즈는 1980년대에 처음 등장했습니다. 만화가인 케빈 이스트만이 눈치 빠른 거북이가 쌍절곤을 들고 있는 그림을 그렸고 그의 친구인 피터 레어드가 그 옆에 '닌자 거북(Teenage Mutant)'이라고 써넣었습니다. 그렇게 파충류 만화가 시작되었습니다!

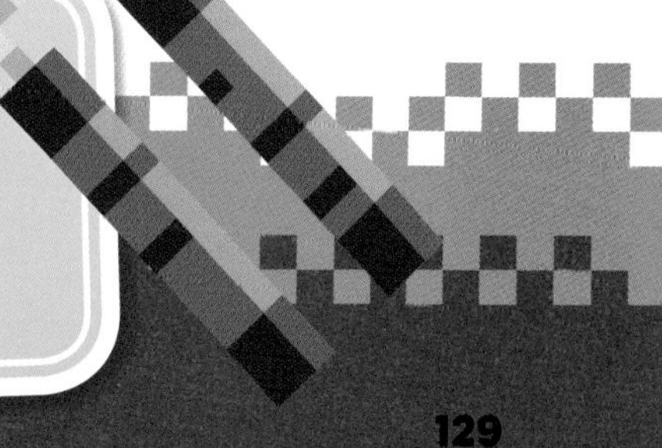

대마계촌

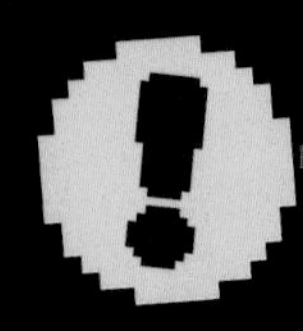

어떤 게임일까요?

여러분, 주인공이 속옷만 입고 악마에게 맞서는 중세풍 아케이드 게임은 어떤가요?

주인공인 아서는 눈앞에서 공주의 영혼이 루시퍼에게 빼앗기는 것을 막지 못했습니다. 아서는 으스스한 장소들(묘지, 얼음 동굴, 가라앉는 해적선 등)을 누비며 악당들을 처치하고 공주의 영혼을 구해서 돌아가야 합니다.
〈대마계촌〉에는 다양한 무기가 등장하는데, 그중에는 유용한 것도 있고 쓸모없는 것도 있습니다.
아서는 체력을 유지하고 몸을 보호하기 위해 갑옷을 장착할 수 있습니다. 그러나 적의 공격을 받으면 갑옷이 벗겨지기 때문에 속옷만 입은 차림으로 여정을 이어가야 합니다. 이런 설정이 우스꽝스럽지만 오히려 게임의 분위기와 잘 어울립니다. 이 게임은 플레이가 다소 어렵기 때문에 게임에 오랜 시간을 투자해야 합니다. 하지만 시간을 투자할 가치가 있는 게임이니 꼭 한 번 플레이해 보세요.

아서의 갑옷을 제거하고 싶어 하는 수많은 언데드 중 하나입니다!

플레이할 수 있는 방법

닌텐도 클래식 미니 슈퍼 패미컴, 게임보이 어드밴스

슈퍼 패미컴 미니에서 즐길 수 있는 〈초마계촌〉은 〈대마계촌〉보다 그래픽이 업그레이드되었을 뿐만 아니라 아서의 2단 점프 능력도 추가되었습니다.

레트로
평점
★★★
★☆

Xbox One, 플레이스테이션 4

〈돌아온 마계촌〉은 〈마계촌〉과 〈대마계촌〉을 리메이크한 것으로, 업그레이드된 그래픽과 어려운 플레이가 특징입니다.

모든 스테이지를 클리어하면, 보상이 주어지는 것이 아니라 '모든 난이도에서 게임을 클리어해야 한다'는 것을 알려 줍니다! 이게 진정한 반전이죠!

Speedball 2: Brutal Deluxe

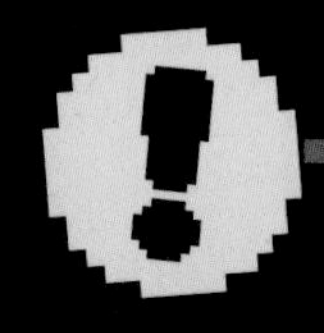

어떤 게임일까요?

**미래 시대를 배경으로 한 스포츠 게임은 대부분 혼란스럽습니다.
아이스하키, 핸드볼, 복싱이 합쳐진 스피드볼도 마찬가지입니다.**

보통의 스포츠 게임은 스토리가 없지만, 〈Speedball 2: Brutal Deluxe〉에는 있습니다. 폭력과 부패로 첫 번째 스피드볼 리그가 실패하고, 그로부터 몇 년 뒤 Brutal Deluxe라는 새로운 팀의 등장과 함께 스피드볼이 부활합니다. 플레이어는 Brutal Deluxe를 리그 최고의 팀으로 만들어야 합니다.

게임 규칙은 간단합니다. 상대 팀의 골대에 골을 넣어 점수를 얻고, 높은 점수를 얻은 쪽이 이기는 것입니다. 이때 바닥과 벽에 있는 표적을 맞히면 보너스 점수를 얻을 수 있습니다. 게다가 상대 팀 선수를 다치게 하는 것도 골을 넣는 것만큼 중요합니다. 여러분, 격렬하지만 매우 스타일리시한 스포츠 게임을 만나 보세요!

상대 팀 선수를 다치게 하면
골을 넣는 것과 같은 점수를 얻을 수 있습니다!

경기장에서 벗어나 선수들을 훈련시키면
그들의 능력을 강화할 수 있습니다.

플레이할 수 있는 방법

레트로 평점 ★★★★☆

스팀

고화질 업데이트와 다양한 기능이 추가된 버전이 PC 게이머들을 위해 출시되었습니다. 이 버전에서는 원작의 플레이 방식이 그대로 유지되어 있습니다.

?

개발팀은 이 게임의 기초 디자인을 종이 판지에 그렸다고 합니다. 갑자기 떠오른 아이디어였겠죠? 그리고 얼마 뒤, 개발이 시작되었습니다.

California Games

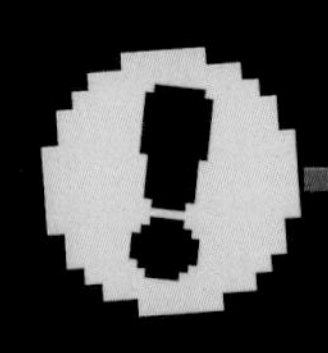

어떤 게임일까요?

게임을 소개할 때 부끄러운 표현들이 사용되는 게임이 있다면 바로 이 게임일 것입니다!

요즘에는 익스트림 스포츠 대회가 존재하고 올림픽에서 다양한 보드 종목들을 볼 수 있습니다만, 예전에는 이러한 부류의 스포츠 대회를 개최한다는 아이디어 자체가 흔하지 않았습니다.
〈California Games〉는 서핑, 스케이트보드, BMX 자전거, 롤러스케이트에 풋백과 플라잉디스크를 더해 제작되었습니다. 이 게임은 각 이벤트에서 경쟁하고 가장 높은 점수를 얻어 캘리포니아의 태양 아래에서 영광의 챔피언이 되는 것입니다.

최근 스포츠 시뮬레이션 게임들이 놀라울 정도로 발전했기 때문에 여러분이 〈California Games〉를 접했을 때 아쉬운 점도 있을 것입니다. 하지만 이 게임은 여전히 재미있으며 스킬을 연습하고 트릭을 배울 때 보람을 느낄 수 있습니다. 아슬아슬하게 스릴 넘치는 스포츠 감성을 느껴 보세요.

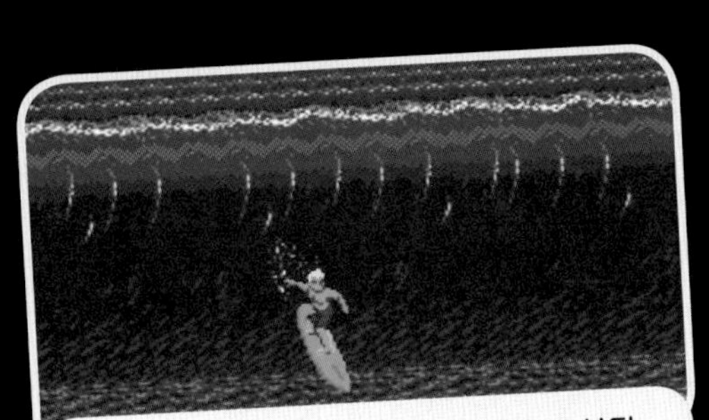

열대 지방의 해변과 야외 활동으로 구성된 즐거운 스포츠 대회를 상상해 보세요.

넘어지지 않고(혹은 부상당해 병원에 가지 않고) 가능한 한 많은 트릭을 선보이면 됩니다.

플레이할 수 있는 방법

〈California Games〉를 만날 수 있는 플랫폼은 거의 사라졌습니다. 만약 레트로 액션 스포츠를 플레이하고 싶다면 〈Tony Hawk's Pro Skater〉 시리즈를 추천합니다.

?

〈California Games〉의 풋백 게임 중에 갈매기를 공격할 수 있고, 스케이트보드 이벤트 중에 지진을 경험할 수도 있습니다. 또, 플라잉디스크 스킬이 부족하면 UFO에 납치되는 등 여러 독특한 이벤트가 발생합니다.

After Burner

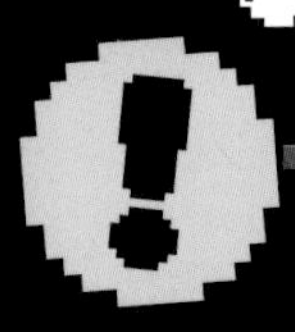

어떤 게임일까요?

지금부터 여러분은 가장 스릴 넘치는
공중전 게임의 위험 지대로 날아갈 것입니다!

〈After Burner〉는 어떠한 스토리도 없이 바로 액션을 던져 줍니다. F-14 톰캣을 타고 18개의 스테이지를 비행하면서 여러분의 거대한 기관총 십자선 위에 등장하는 적과 미사일을 모조리 파괴하는 것이 미션입니다.
적들은 여러 방향에서 습격해 오기 때문에, 플레이어는 조금도 쉴 틈이 없습니다. 끊임없이 기관총을 조준하고 발사하는 것이 중요합니다. 열탄을 발사하면 먼지가 일어나 시야가 가려지므로 플레이어에게 쏟아지는 치명적인 총탄을 볼 수 없습니다. 따라서 열탄을 효율적이고 전략적으로 활용하는 것이 중요합니다. 전투기 조종 액션과 강력한 공중 전투의 흥분이 게임을 이끌어 줄 것입니다.

<After Burner>가 성공한 이후 더 많은 비행 액션 및 사격 액션 게임이 등장했습니다.

플레이할 수 있는 방법

닌텐도 3DS(유럽 출시 한정)

유럽 국가에서 출시된 닌텐도 3DS 버전으로 〈After Burner 2〉가 출시되었습니다. 이 게임은 더 많은 스테이지와 모드, 여러 가지 게임 요소가 추가된 리마스터작입니다.

〈After Burner〉는 아케이드 버전으로 찾아서 플레이할 가치가 있는 게임입니다. 어떤 버전은 회전하고 기울어지는 조종실을 갖추고 있어 입체적인 몰입감을 느낄 수 있습니다.

알렉스 키드 인 미라클 월드

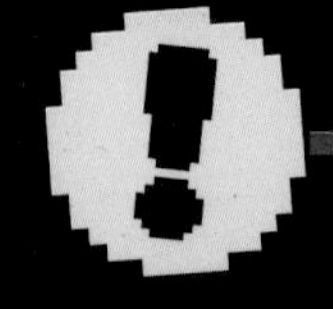

어떤 게임일까요?

닌텐도의 마리오와 함께 하는 모험이 큰 인기를 끌던 가운데, 세가의 슈퍼 스타인 알렉스는 마스터 시스템에서 묵묵히 자신의 일을 하고 있습니다. 또 다른 게임의 아이콘, 알렉스를 만나 보세요.

〈알렉스 키드 인 미라클 월드〉는 굉장히 멋진 게임이지만, 세가의 다른 플랫폼 대작들처럼 성공하지 못했고 카트 레이싱이나 골프 스포츠 같은 스핀오프로 이어지지도 못했습니다. 하지만 이 게임 하나로도 충분히 즐겁기 때문에 큰 문제는 아닙니다. 〈알렉스 키드 인 미라클 월드〉의 기본 콘셉트는 매우 단순합니다. 썬더 왕을 쓰러뜨리고 그의 아들과 아들의 약혼녀를 납치한 잔켄 더 그레이트에 대적하기 위해 젊은 무술가 알렉스가 모험을 떠납니다. 알렉스는 사실 썬더 왕이 오래전에 잃어버린 아들입니다! 알렉스는 새로운 길을 열기 위해 바위를 깨는 데 사용할 수 있는 강력한 펀치를 장착하고 있습니다.

〈알렉스 키드 인 미라클 월드〉는 빠른 진행 속도에 다양한 게임 요소가 적절하게 섞여 있습니다. 이 게임의 독특한 특징 중 하나는 스테이지의 마지막 보스 배틀이 가위바위보 게임이라는 점입니다. 게임을 클리어하는 데에 '운'이 크게 개입되는 부분이 낯설게 느껴질 수도 있지만 그 점이 게임의 인기 요소 중 하나입니다. 물론 게임의 나머지 부분도 정말 재미있습니다!

돌을 부수면 돈 가방과 같은 유용한 아이템을 발견할 수 있습니다.

플레이할 수 있는 방법

닌텐도 스위치

〈SEGA AGES〉에서 선보인 닌텐도 스위치용 〈알렉스 키드 인 미라클 월드〉는 스테이지 사이사이에 새로운 이벤트를 추가하였습니다.

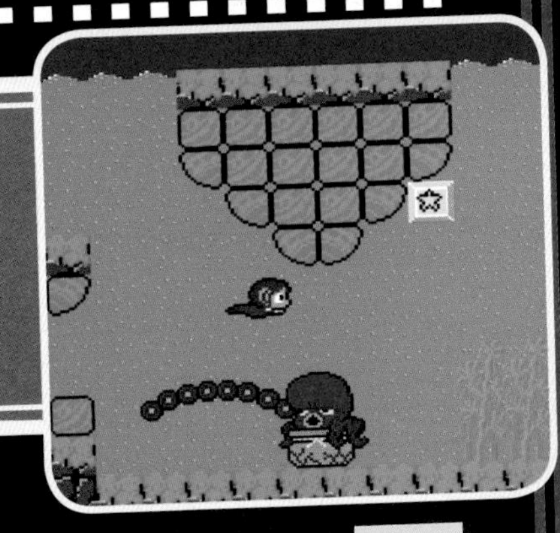

닌텐도 스위치, 플레이스테이션 4, Xbox One, 스팀

〈알렉스 키드〉 시리즈 팬이라면, 〈알렉스 키드 인 미라클 월드〉의 리메이크작인 〈알렉스 키드 인 미라클 월드 DX〉를 만나 보세요. 이 게임은 아름다운 그래픽, 새로운 스테이지, 그리고 재미있는 게임 플레이를 제공합니다.

우리나라에서는 1990년에 〈알렉스 키드〉라는 이름으로 한글화되어 발매되기도 했는데, 이 게임은 국내 최초로 한글화가 된 게임이라고 합니다.

아스테릭스

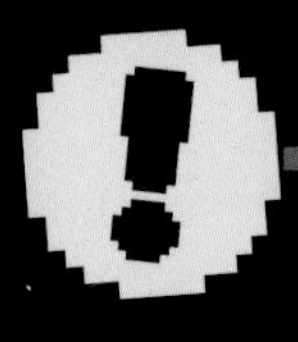

어떤 게임일까요?

**이번에는 클래식 만화 같은 게임을 소개합니다.
때는 기원전 55년, 로마 제국에 정복당한 갈리아(골, Gaul)의
한 작은 마을 주민들이 여전히 로마군에게 저항하고 있습니다.**

〈아스테릭스〉는 만화 〈골족의 영웅 아스테릭스(Astérix le Gaulois)〉의 내용을 기반으로 하였습니다. 이 게임의 주인공인 아스테릭스와 오벨릭스는 마지막 갈리아 마을의 주민들입니다. 이들은 어떻게 로마군에 저항할 수 있었을까요? 그들의 드루이드 제타픽스(파노라믹스)가 제조하는 마법 물약 덕분에 주인공과 마을 주민들이 초인적인 힘을 가지게 되었기 때문입니다. 그러나 제타픽스가 로마로 납치되고, 아스테릭스와 오벨릭스는 마지막 남은 마법 물약으로 로마 군단을 헤쳐 나가면서 제타픽스를 구해야 합니다. 이 게임은 갈리아 주민들이 강한 펀치로 로마 병사들을 제압하면서 플랫폼 미로와 퍼즐을 해결하는 콘텐츠가 섞인 게임입니다. 캐릭터의 모습과 느낌을 완벽하게 담은 그래픽은 플레이어를 게임 세계로 끌어들이는 데에 성공했습니다. 플레이어는 아스테릭스와 오벨릭스 둘 다 플레이할 수 있으며 한쪽으로 게임을 클리어하면 다른 쪽으로 플레이할 수 있습니다. 두 캐릭터는 각각 자신에게 맞는 특징이 부여됩니다.

블록을 부수거나 지나가는 군인들을 치면 동전을 얻을 수 있습니다.

로마군이 아무리 노력해도 아스테릭스와 오벨릭스의 마을을 점령할 수 없습니다.

플레이할 수 있는 방법

iOS, 안드로이드

만약 로마와의 전투보다는 RPG를 선호한다면 〈아스테릭스와 친구들〉을 다운로드하세요. 이 게임에서는 자신만의 마을을 건설한 후 모험을 떠날 수 있습니다.

닌텐도 스위치, 플레이스테이션 4, Xbox One

레트로 평점 ★★★★☆

마스터 시스템 버전은 구할 수 없지만, 여러 다른 버전 게임도 많습니다. 〈아스테릭스 & 오벨릭스 XXL 2〉도 제타픽스를 구출하는 스토리이며, 〈Asterix & Obelix Slap Them All!〉에서는 로마군과의 전투를 제대로 경험할 수 있습니다.

원작 만화는 전 세계적으로 출판되어 약 100개 국어로 번역되었으며, 그 외 수많은 비디오 게임, 보드 게임, 영화가 출시되었습니다. 그리고 아스테릭스 테마파크가 존재합니다.

The NewZealand Story

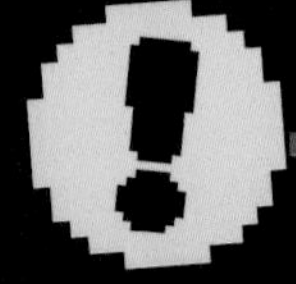

어떤 게임일까요?

이번에는 지구의 남쪽으로 가서 야생 동물을 돕고 다양한 장소에서 점프하면서 즐거움을 느껴 보세요. 여러분도 분명 좋아할 겁니다!

〈The NewZealand Story〉는 독특하고 귀여운 그래픽과 중독성 있는 플레이를 더한 플랫폼 게임으로 큰 반향을 일으켰습니다. 플레이어는 키위(새)인 티키를 조종하여 티키의 여자 친구인 피피와 그녀의 친구들을 납치한 바다표범을 물리치기 위한 미션을 수행해야 합니다.
티키는 활과 화살, 그리고 주변에 떨어져 있는 물건들을 사용해 전투에 나섭니다. 그는 피피를 구하기 위해 풍선이나 비행기도 빼앗는데, 이 과정에서 승객을 내던지기도 합니다.

각 스테이지에는 머리를 쥐어뜯을 만큼 어려운 수준의 미로, 당혹스러운 난이도의 퍼즐, 그리고 적들과의 전투 등이 펼쳐져 있습니다.
〈The NewZealand Story〉는 귀여운 캐릭터와 액션에 개그 요소가 더해진 게임입니다. 이러한 특징이 플레이하는 데에 있어서 매력적으로 느껴질 수 있습니다. 게임에서 티키가 레이저를 발사하는 오리를 타는 재미있는 모습도 있습니다. 대체 누가 이 게임을 플레이하지 않을 수 있을까요?

플레이할 수 있는 방법

레트로 평점 ★★★★☆

닌텐도 DS

2007년에는 〈The NewZealand Story Revolution〉이 닌텐도 DS로 출시되었습니다. DS 기술을 잘 활용한 멋진 리메이크작이었습니다.

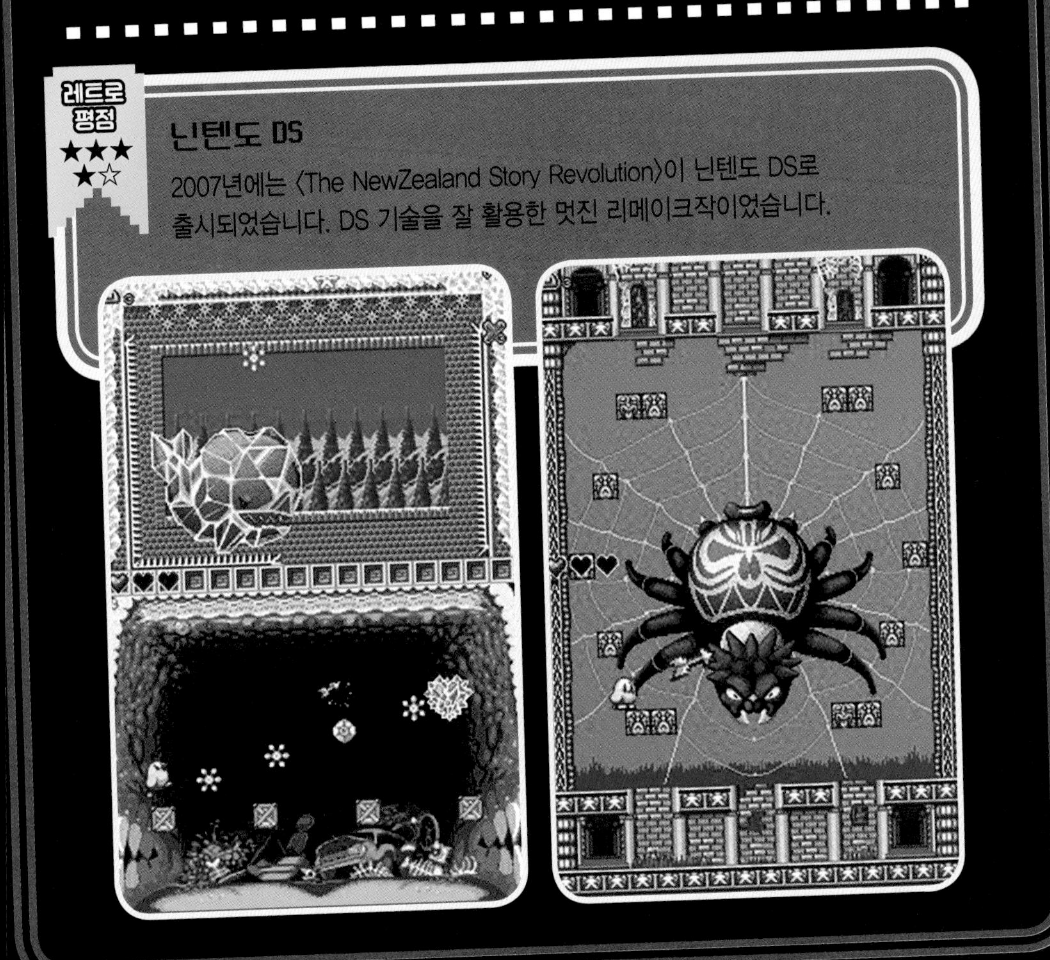

?

이 게임은 개발자 중 한 명이 뉴질랜드 여행을 한 것에서 영감을 받았습니다. 완성된 버전에서 제공되는 내용을 보면, 그 여행은 상상 이상의 멋진 경험이었을 것입니다!

Earthworm Jim

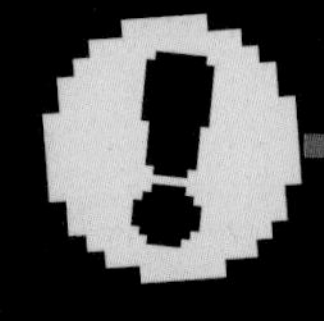

어떤 게임일까요?

이번 게임의 주인공은 벌레입니다. 레트로 게임에서 가장 독특한 캐릭터 중 하나인 짐과 함께 땅속에서 즐거운 시간을 보내세요.

느릿느릿한 생물인 지렁이가 민첩한 플랫폼 게임의 주인공이라고 한다면 믿겨 지나요? 그래서 이 게임에는 주인공을 위한 특별한 장치가 등장합니다.
〈Earthworm Jim〉은 평범한 지렁이가 우연히 파워 슈트에 들어가게 된 뒤로 힘도 세지고 인간처럼 움직일 수 있게 되었다는 데에서 이야기가 시작됩니다. 평범한 지렁이 짐이 가지게 된 슈트는 원래 우주 현상금 사냥꾼이 사악한 슬러그 벗 여왕(Queen slug-For-A-butt)에게 배달할 예정이었으나 반란군의 공격으로 잃어버린 것이었습니다. 짐은 파워 슈트를 찾으러 온 악당들과 싸우고 동시에 위기에 빠진 이름이 뭐더라 공주(Princess What's-Her-Name)를 구해야 합니다.
이처럼 〈Earthworm Jim〉은 재미있고 독특한 스토리를 바탕으로 다양한 장르가 펼쳐집니다.

레이싱 챌린지, 수도관 터널에서 햄스터를 타고 진행하기 외에도 점액으로 만든 상대와 번지 점프 대결을 합니다. 이렇게 독특한 게임은 꼭 한 번 플레이해 보세요.

줄에 매달린 채 적들을 공격하는 것은 그저 일상일 뿐입니다.

플레이할 수 있는 방법

메가 드라이브 미니
(북미, 유럽판 한정)

16비트 버전의 〈Earthworm Jim〉에서 당시 짐을 스타로 만든 엉뚱한 유머 감각을 함께 즐길 수 있습니다.

스팀

레트로
평점
★★★
★☆

스팀에서 〈Earthworm Jim〉 시리즈를 다운로드하여 PC로 플레이할 수 있습니다.

1995년에는 〈Earthworm Jim〉의 짐이 마블 코믹스에서 제작한 3개의 정기 호에서 주인공으로 등장했습니다.

R-TYPE

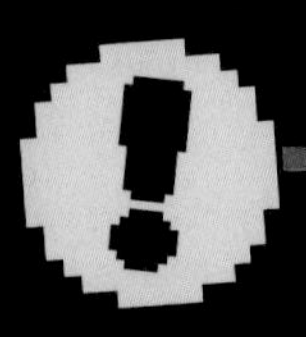

어떤 게임일까요?

슈팅 게임 장르가 식상한가요? 물론 외계 생명체가 떨어지는 것은 이제 식상할 수 있습니다. 그러나 <R-TYPE>은 우주 슈팅 게임 장르에 자신만의 스타일을 과감히 도입했습니다.

〈R-TYPE〉은 우주에 관련된 스릴과 판타지로 가득합니다. 여러분은 악당 외계 무리로부터 지구를 지키기 위해 싸워야 합니다. 여러분만이 그들의 악랄한 계획을 막을 수 있습니다!
개발 당시, 최고의 SF 그래픽을 전달하기 위해 많은 노력을 했다는 것을 느낄 수 있는데, 이 점은 스테이지의 디자인과 외계 생명체들의 모습만 봐도 알 수 있습니다. 게임 플레이 또한 최고 수준으로, 버튼을 눌러 모든 것을 파괴하는 것이 아니라 전략과 위치 선정이 중요합니다. 또, 악당 외계 무리들을 향해 길을 내고 보스를 물리치기 위해서는 파워업과 레이저 무기가 필수입니다. 여러분, 〈R-TYPE〉은 무척 인상적인 게임입니다!

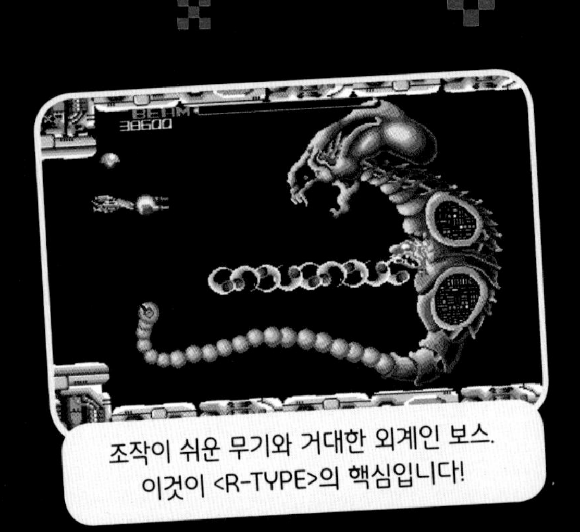

조작이 쉬운 무기와 거대한 외계인 보스. 이것이 <R-TYPE>의 핵심입니다!

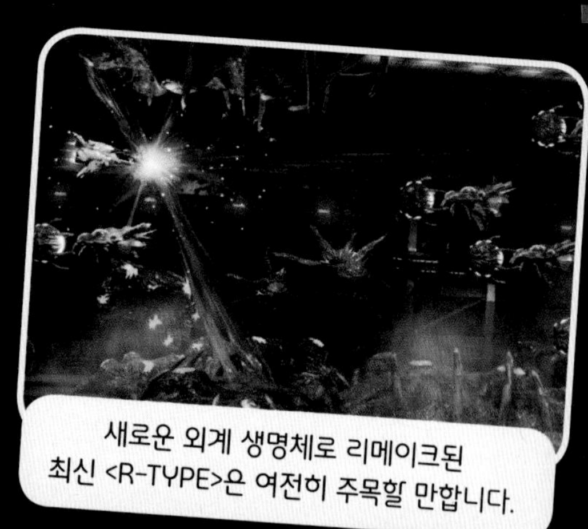

새로운 외계 생명체로 리메이크된 최신 <R-TYPE>은 여전히 주목할 만합니다.

플레이할 수 있는 방법

★★★★☆

닌텐도 스위치, 플레이스테이션 4, Xbox One

〈R-TYPE〉의 후속작인 〈R-TYPE Dimensions〉를 즐겨 보세요. 원작의 스테이지가 모두 충실하게 구현되었으며 일부 새로운 모드가 추가되었습니다.

★★★★☆

닌텐도 스위치, 플레이스테이션 4 & 5, Xbox One

최신 버전을 체험하고 싶다면, 〈R-TYPE Final 2〉를 추천합니다. 〈R-TYPE Final 2〉는 더 많은 스테이지와 무기, 외계 생명체가 등장합니다.

?

포스라고 불리는 주황색 공은 우주선에 붙여 사용할 수 있는 무기 중 하나입니다. 개발자들은 이 무기를 적외선을 뿜는 쇠똥구리 같다고 부르기도 했습니다.

Gauntlet

어떤 게임일까요?

이제 어두운 던전 속에 숨어 있는 존재들을 발견할 시간입니다. 수많은 몬스터가 여러분을 공격하기 위해 숨어 있다는 것은 더 이상 놀랄 일이 아닙니다!

〈Gauntlet〉은 전사 토르, 마법사 멀린, 발키리 티라, 엘프 퀘스터 중에서 한 캐릭터를 선택하고 던전에 들어가 유령, 악마와 같은 수백 마리의 구울들과 싸워 출구를 찾는 게임입니다. 하나의 던전을 클리어하면 끔찍한 또 다른 던전에서 모든 것을 반복하게 됩니다.

게임 플레이는 퍼즐을 풀거나 미로에서 길을 찾는 것도 있지만 전반적으로 액션에 중점을 두고 있으며 빠른 속도로 진행됩니다. 특히, 플레이어가 자신에게 달려드는 적들로부터 도망치는 순간에도 여러 적들이 계속해서 등장합니다. 그렇기 때문에 이 게임은 탈출을 위해 도망치면서 동시에 싸워야 하는 핵앤슬래시 장르의 게임입니다. 캐릭터마다 고유 능력과 강점이 있기 때문에 2인용 게임 모드에서 협력할 때, 캐릭터 조합을 현명하게 선택해야 합니다.

〈Gauntlet〉은 별다른 전략이 필요 없습니다. 단순히 다른 플레이어와 잘 협력하는 것이 으스스한 적들을 물리치는 핵심입니다.

신화적인 존재들과 함께 싸워 구울을 없애고 탈출하세요.

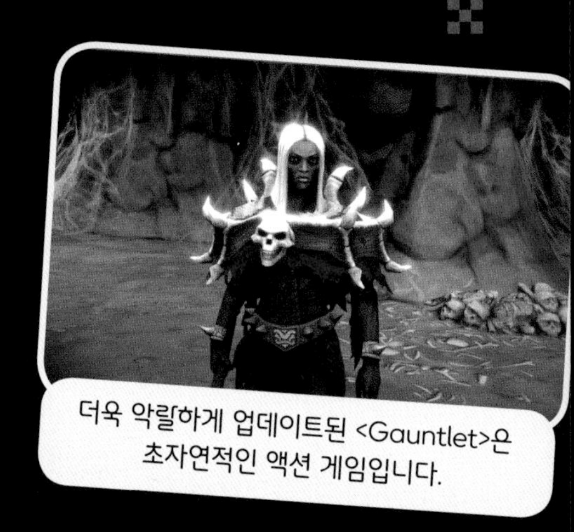

더욱 악랄하게 업데이트된 <Gauntlet>은 초자연적인 액션 게임입니다.

플레이할 수 있는 방법

Xbox One

〈Midway Arcade Origins〉 컬렉션은 많은 고전 게임을 포함하고 있는데, 여기에는 〈Gauntlet〉과 그 후속작도 포함되어 있습니다. Xbox One에서 온라인 스토어를 통해 이 게임을 구매할 수 있습니다.

레트로
평점
★★★★☆

플레이스테이션 4

〈Gauntlet - Slayer Edition〉은 지나치게 폭력적인 그래픽과 게임 플레이 때문에 청소년 이용 불가 등급을 받았습니다.

던전, 마법사, 엘프 등이 암시해 주듯이 〈Gauntlet〉은 전설적인 게임 〈던전 앤 드래곤〉에서 영감을 받았습니다.

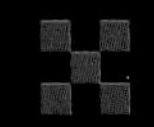

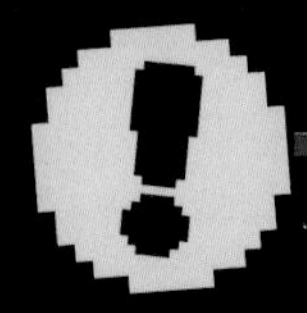

어떤 게임일까요?

**여러분은 거품을 내뿜는 공룡들을 조종하여
플랫폼 모험 속에서 빠져나가야 합니다.**

평범한 인간 쌍둥이 소년인 버비와 보비는 마법에 걸려 거대한 거품을 내뿜는 공룡 버블룬과 보블룬이 되었습니다. 그들은 이후 100개의 스테이지를 헤쳐 나가야 했습니다. 스컬 몬스타를 향한 모험에서, 버블룬과 보블룬이 거품을 내뿜어 스컬 몬스타의 부하들을 가둔 뒤 거품을 부수면 흔적도 없이 사라지게 만들 수 있습니다.
〈버블보블〉은 플랫폼 게임이지만 각 스테이지의 액션은 하나의 스크린으로 제한됩니다. 그렇다 보니 게임 플레이가 빠른 속도로 진행되어 게임을 더욱 재미있게 만듭니다. 물론 스테이지가 진행됨에 따라 플레이는 어려워지고 싸워야 하는 적도 더욱 교묘해집니다. 게임을 좀 더 즐기기 위해 다양한 파워업을 얻을 수 있습니다. 어쩌면 버블 드래곤으로 변신한 게 나쁜 일이 아닐 수도 있겠네요?

적을 가두기 위해 거품을 내뿜고
그것을 터뜨려서 제거하세요.

플레이할 수 있는 방법

닌텐도 클래식 미니 패밀리 컴퓨터

버비와 보비를 오리지널 레트로 환경에서 만나기를 원하는 분들에게 추천합니다.

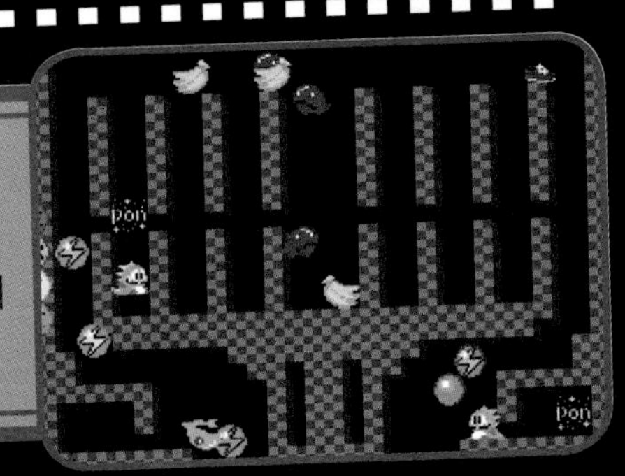

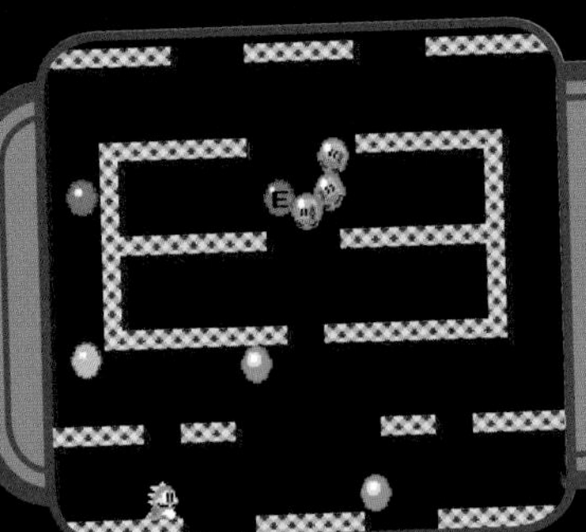

iOS, 안드로이드

이제는 언제 어디서든 스마트폰을 사용하여 버블-공룡 액션을 즐길 수 있습니다.

스팀, 닌텐도 스위치, 플레이스테이션 4

〈버블보블 4 프렌즈〉는 신규 스테이지, 전략 및 멀티플레이 모드가 있으며, 오리지널 게임도 함께 즐길 수 있습니다.

게임 디자이너인 미츠지 후키오가 〈버블보블〉을 개발할 때 모티브로 삼았던 아이디어 중 하나가 화면 가득 거품을 띄우고 그걸 터뜨리자는 것이었습니다.

Space Harrier

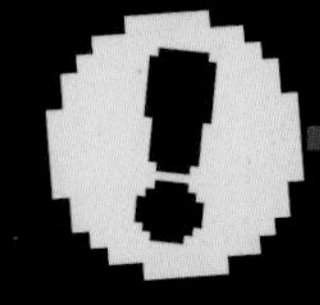

어떤 게임일까요?

이 게임은 플레이어를 위험천만하고 환상적인 세계로 빠르게 몰입시키고, 여러 위험 요소를 레이저로 제압해 나갑니다.

판타지 장르에서 묘사되는 드래곤은 무시무시한 종족입니다. 드래곤은 온몸이 비늘로 덮여 있고 화염을 내뿜고 하늘에서 급강하해서 공격합니다. 그러나 〈Space Harrier〉의 배경은 판타지 세계가 아닌, 우주 은하계 저편에 있는 드래곤 랜드입니다. 드래곤 랜드는 평화로운 곳이었지만 변이 외계 생명체들에 의해 점령되고 말았습니다. 위기에 처한 드래곤 랜드를 구하기 위해 제트 추진 레이저 캐논을 붙잡고 날아다니는 해리어가 등장합니다. 플레이어는 하늘로 올라가 자신을 향해 무작위로 달려오는 크리쳐, 악당, 로봇, 매머드와 싸워야 합니다. 게임 플레이는 놀랍도록 빠르게 진행되며, 재빠르게 패드를 조작하는 기술이 필요합니다. 각 스테이지 보스와 싸우려면 충분히 스킬을 연습해야 합니다. 만약 드래곤이 등장하는 단순한 슈팅 게임을 찾고 있다면, 바로 이 게임입니다.

스테이지를 클리어할 때 가장 중요한 점은 멈추지 않고 움직이는 것 그리고 총을 쏘는 것입니다.

플레이할 수 있는 방법

닌텐도 스위치

〈SEGA AGES〉 컬렉션은 옛 세가의 열정을 다시 불타오르게 합니다. 여기에는 최신 버전인 〈Space Harrier〉가 있습니다.

안드로이드

원작은 플레이할 수 없지만, 신규 무기와 다수의 새로운 외계 생명체가 등장하는 〈Space Harrier II〉를 만나 보세요.

메가 드라이브 미니

오리지널 버전으로 플레이하되 더 많은 액션을 원한다면, 메가 드라이브 미니 컬렉션에 포함된 〈Space Harrier II〉를 플레이해 보세요.

〈Space Harrier〉의 아케이드 버전 또한 〈After Burner〉처럼 플레이어가 게임에서 조작하는 대로 실제로 움직이는 유압식 의자를 도입한 적이 있습니다.

Dr. Robotnik's Mean Bean Machine

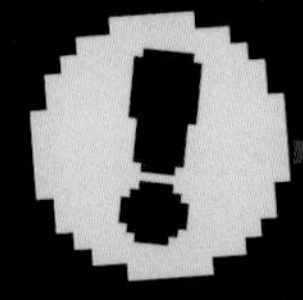

어떤 게임일까요?

소닉을 괴롭히는 것으로 만족하지 않는 로보트닉 박사가 테트리스 로봇 군대를 만들기 위해 화려한 모험으로 돌아왔습니다.

모비우스 세계의 콩들은 자신들에게 닥쳐올 불행을 전혀 예상하지 못했습니다. 그들은 자신의 일에 집중하던 중, 다른 게임 시리즈의 악당이 등장해서 자신들을 로봇 군대로 만들 계획을 세웠다는 것을 알았습니다. 로보트닉 박사는 Mean(못된) Bean(콩) Machine(기계)을 만들어 콩들을 로봇으로 변신시키려 하지만 다행히 용감한 콩, 해스빈이 이를 막으려 합니다.
게임 플레이는 매우 단순합니다. 색깔이 다른 두 개의 콩이 플레이어 영역에 떨어지는데, 플레이어는 이를 이동하고 회전시켜 네 개의 줄을 만들어야 합니다. 이것을 성공시키면 그 줄은 사라지고 영역이 더 넓어집니다. 이 게임은 일반적인 〈테트리스〉와는 다릅니다. 네 개의 콩 줄을 많이 만들수록 적의 영역에 더 많은 콩이 던져지고, 상대의 영역이 콩으로 가득 차면 플레이어가 승리합니다. 퍼즐 모드에서는 콩을 매칭하는 능력을 향상시키고 연습 모드에서는 메인 게임을 연습할 수 있습니다.
〈테트리스〉처럼 이 게임은 중독성이 강하고 클리어하기 어려운 미션들을 제공합니다.

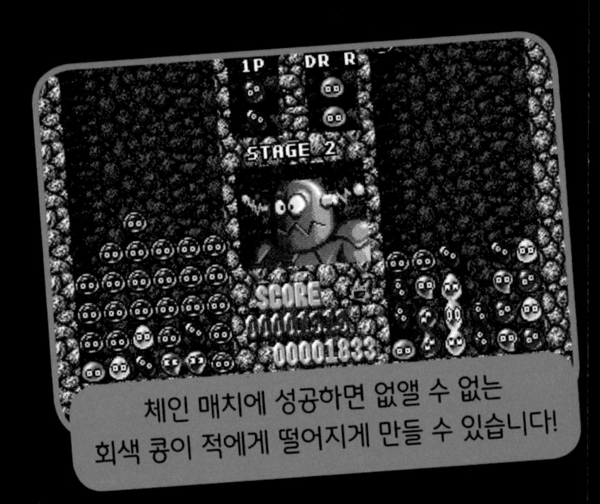

체인 매치에 성공하면 없앨 수 없는 회색 콩이 적에게 떨어지게 만들 수 있습니다!

플레이할 수 있는 방법

메가 드라이브 미니

메가 드라이브 미니를 통해 16비트 업그레이드 버전을 플레이할 수 있습니다. 콩을 마음껏 조종해 보세요.

닌텐도 스위치 온라인

닌텐도 스위치 온라인에서 세가 익스팬션 팩에 수록된 로보트닉 박사의 게임을 플레이해 보세요.

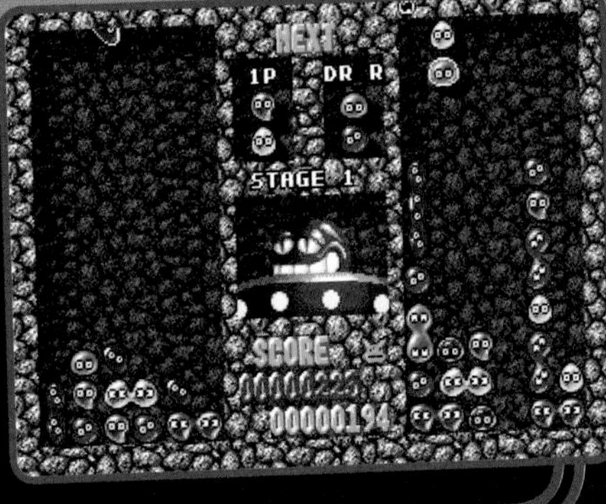

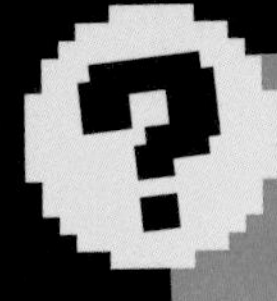

〈Dr. Robotnik's Mean Bean Machine〉은 게임 〈뿌요 뿌요〉에 기반을 두었습니다.
이 게임은 콩 대신 타일을 매칭하는 것을 중심으로 진행됩니다.

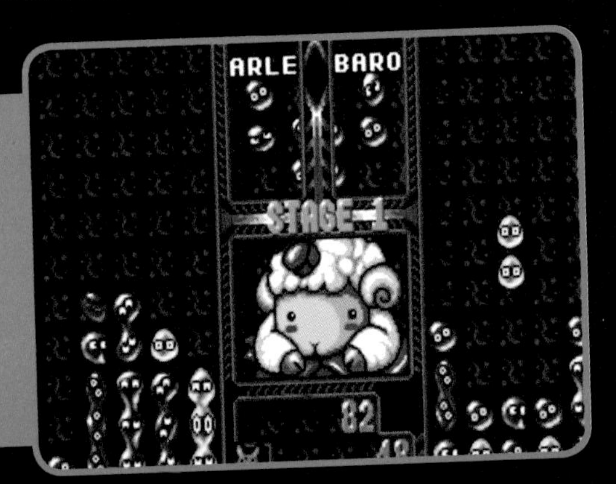

더 GG 시노비

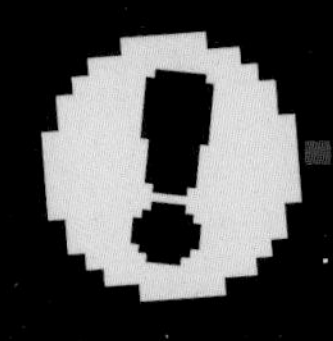

어떤 게임일까요?

손에 칼을 쥐고 죠 무사시의 길을 막는 새로운 무리들을
조용히 베어 나갈 준비를 하세요. 이번에는 그의 동료들이 위험합니다!
닌자들이 항상 혼자 다니는 줄 알았나요? 이번에는 아닙니다.

시노비 세계에서는 닌자들이 그룹을 이루어 활동합니다. 〈더 GG 시노비〉는 죠 무사시가 아카닌이었던 시절을 배경으로 합니다. 시노비 마을의 동료들과 수행을 하던 아카닌 무사시의 동료 4명이 수수께끼의 도시 NEO CITY에서 행방불명됩니다. 그는 그 배후인 테러 조직 ZEED를 벌하고 동료들을 구하기 위해 노력합니다. 이 게임은 횡스크롤 전투와 1대 1 대결 형식의 스테이지 보스전을 결합한 진행형 격투 게임입니다. 주인공은 고속도로 위에서 자동차 사이를 뛰어넘고, 위험한 계곡의 절벽에 오르며, 숲에서 나무를 타고, 항구 기지에서 적을 상대로 싸워야 합니다. 모든 면에서 도전적이며 멋진 애니메이션과 적당한 타격 효과음이 게임 플레이를 흥미진진하게 만듭니다.

게임에서는 메인 스테이지를 진행하는 순서를 선택할 수 있는 옵션이 주어집니다.

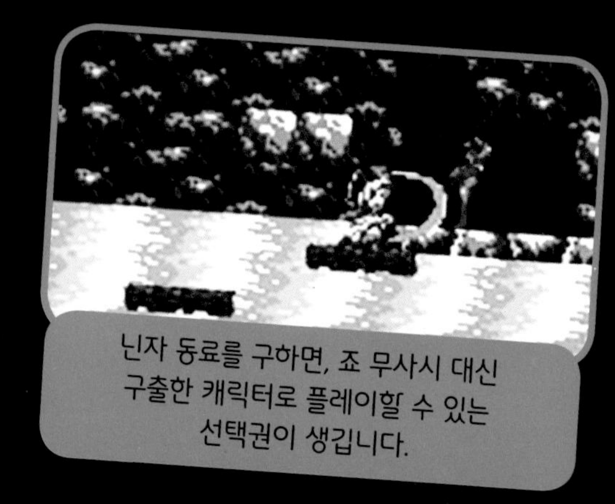

닌자 동료를 구하면, 죠 무사시 대신 구출한 캐릭터로 플레이할 수 있는 선택권이 생깁니다.

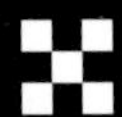

플레이할 수 있는 방법

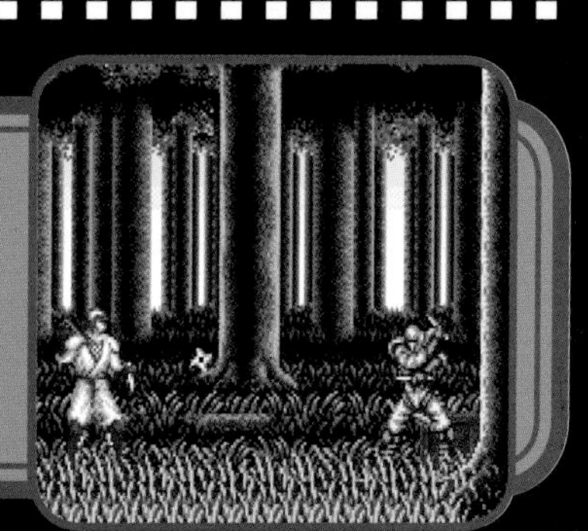

Xbox One, 플레이스테이션 4

〈SEGA Genesis Classics Collection〉에는 〈Shinobi III: Return of the Ninja Master〉가 수록되어 있습니다.

닌텐도 스위치

닌텐도 스위치로 이식된 게임들이 〈SEGA AGES〉에 계속 추가되고 있으며, 여기에는 오리지널 〈시노비〉도 수록되어 있습니다.

게임 곳곳에 상자들이 흩어져 있습니다. 상자를 깨면 파워업 아이템을 얻을 수 있습니다. 그러나 상자 속에 폭탄이 들어 있을지도 모릅니다. 폭탄은 파워업과는 반대의 효과를 줍니다.

OutRun

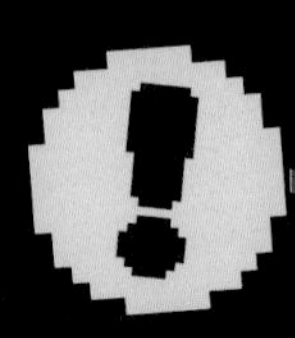

어떤 게임일까요?

이 게임은 빠르게 움직여야 하지만 흥분해서는 안 됩니다. 유럽의 고속도로와 주요 도로를 여행하는 것은 빠르면서도 차분한 느낌을 줍니다.

정면 승부를 가리는 레이싱도 좋지만 때로는 그저 차와 경치를 즐기고 싶을 때도 있습니다. 〈OutRun〉은 그 목적에 딱 맞는 게임입니다. 화려한 유럽의 고속도로와 산길 등을 모티브로 한 15개의 스테이지에서 페라리 테스타로사 스파이더를 타고 시간 내에 도착하는 것이 목표입니다.

각 도로는 도전 과제를 제공합니다. 게임 플레이가 어려울 때도 있지만 이 게임에서 강조하는 것은 여유롭게 운전을 즐기는 것입니다. 〈OutRun〉은 쉽고 부드러운 컨트롤을 제공하며, 차 안에서 라디오로 즐길 수 있는 멋진 사운드트랙이 있습니다. 단순하게 시동을 켜고, 조작하고, 달리면 됩니다.

침착하게 대형 트럭을 추월하는 것은 쾌감을 선사합니다.

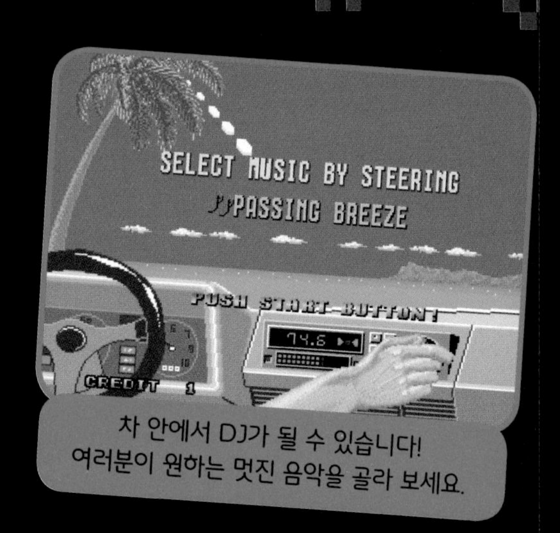

차 안에서 DJ가 될 수 있습니다! 여러분이 원하는 멋진 음악을 골라 보세요.

플레이할 수 있는 방법

레트로 평점 ★★★★☆

닌텐도 스위치 온라인

2019년 〈OutRun〉이 닌텐도 스위치로 출시되었습니다. 이 버전은 리메이크가 아니라 게임 기어 원작을 플레이할 수 있는 오리지널 버전입니다.

?

〈OutRun〉의 디자이너인 유 스즈키는 모델 바이크를 타고 직접 운전하는 게임 〈Hang-On〉도 개발했습니다. 그는 엔진을 달아 진짜 운전하는 느낌을 전하고 싶었지만, 저음이 강조된 스피커로 타협해야 했습니다.

스트리트 파이터 II

어떤 게임일까요?

거리에서 또 싸움이 벌어졌습니다!
콘솔 격투 게임계의 절대적이고 반박의 여지가 없는 챔피언
<스트리트 파이터 II>의 세계에 오신 것을 환영합니다.

플레이어는 파이터를 선택해서 다른 파이터와 대결하고, 그 후 나머지 파이터들과 격투하기 전에 잠깐 숨을 돌립니다. 〈스트리트 파이터 II〉에서 플레이어가 선택 가능한 캐릭터는 총 8명입니다. 플레이어 자신을 제외한 7명을 모두 쓰러뜨리면 사천왕과 싸우게 됩니다.
스탠다드형 류부터 화염을 내뿜는 달심까지, 각각의 파이터들은 자신만의 스페셜 스킬과 파이팅 스타일을 가지고 있습니다. 따라서 플레이어는 기본적인 격투 원리뿐만 아니라 각 캐릭터를 조종하거나 상대할 수 있도록 고유의 스킬을 이해하고 익혀야 합니다. 예를 들어, 데미지 강도가 낮은 펀치와 킥은 빠르게 구사할 수 있지만, 큰 데미지를 줄 수 있는 공격들은 실행하는 데 많은 시간이 걸립니다. 이 게임은 화려하게 디자인된 배경에 펑키한 사운드트랙, 그리고 다양한 격투 전략과 스킬 콤보 등이 조합된 최고의 격투 시뮬레이션 게임입니다.

류가 사천왕 중 하나인 사가트에게 승룡권을 날립니다.

플레이할 수 있는 방법

닌텐도 스위치, Xbox One, 플레이스테이션 4

2018년에 〈Street Fighter 30th Anniversary Collection〉이 발매되었지만 이용 제한 연령이 없었던 1990년대와 다르게 이번에는 어린이 이용 불가 등급으로 발매되었습니다.

닌텐도 스위치

〈ULTRA STREET FIGHTER II The Final Challengers〉는 〈스트리트 파이터〉가 더 업그레이드된 게임입니다. 더 많은 플레이 모드, 더 많은 캐릭터, 그리고 최고의 그래픽을 갖추고 있습니다.

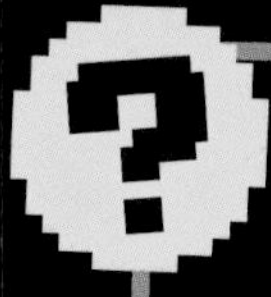

이 게임은 미국에서 〈스트리트 파이터〉라는 이름으로 개봉된 일본 영화 〈클래쉬! 킬러 피스트〉에서 이름을 따왔습니다. 게임이 대성공을 거둔 후 이 영화는 게임을 바탕으로 후속작을 제작했고 상당한 수익을 냈다고 합니다.

소닉 더 헤지혹 2

어떤 게임일까요?

파란 가시 고슴도치 주인공과 그의 여우 친구가 또 다시 세상을 구하러 떠납니다. 단순한 여행이 아니니 단단히 준비하세요! 초음속으로 진행됩니다!

'에그맨'은 세상을 지배하려는 계획을 멈추지 않습니다. 소닉도 에그맨의 악한 계획을 막는 걸 즐기는 것 같습니다. 에그맨이라는 별명이 더 유명한 로보트닉 박사는 로봇 군단을 이용해 카오스 에메랄드를 빼앗아 데스 에그를 완성시키려고 합니다. 이번 모험에서 소닉은 혼자가 아닙니다. 새롭게 합류한 동료인 여우 테일즈와 함께 웨스트 사이드 아일랜드를 달려 악랄한 천재 과학자의 계획을 막습니다.
〈소닉 더 헤지혹 2〉 속 소닉의 모험은 극한의 속도와 극적인 액션, 이 두 가지로 설명할 수 있습니다. 각 스테이지의 구불구불한 길, 루프, 스프링보드를 통해 소닉이 뛰어다니며 링을 모읍니다. 또, 소닉과 테일즈가 파이프를 타고 내려가면서 3D 시점으로 전환되는 멋진 보너스 스테이지도 존재합니다. 모든 맵은 아름답고 세밀하게 디자인되어 있으며 여러 경로가 숨겨져 있어 탐험하는 재미를 더합니다. 테일즈와 함께 협력 플레이를 할 때 플랫폼 게임을 더욱 즐길 수 있습니다. 지금 바로 게임을 플레이해 보세요!

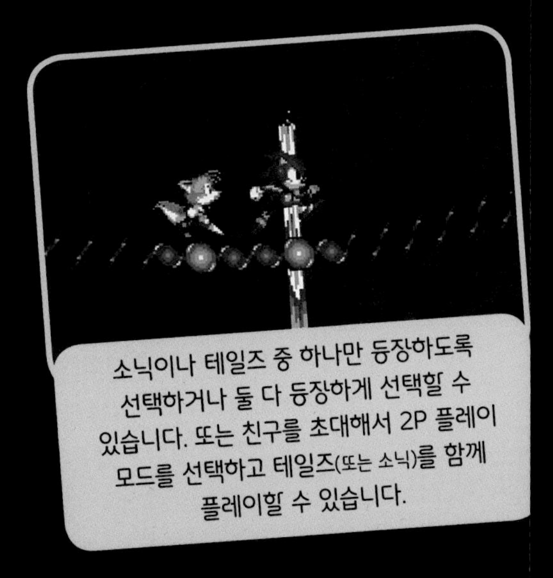

소닉이나 테일즈 중 하나만 등장하도록 선택하거나 둘 다 등장하게 선택할 수 있습니다. 또는 친구를 초대해서 2P 플레이 모드를 선택하고 테일즈(또는 소닉)를 함께 플레이할 수 있습니다.

플레이할 수 있는 방법

iOS, 안드로이드

〈소닉 더 헤지혹〉의 스핀오프 게임들이 모바일에서 제공됩니다.

닌텐도 스위치 온라인

닌텐도는 〈소닉 더 헤지혹 2〉 외에도 몇 가지 메가 드라이브 클래식 게임들을 닌텐도 스위치에서 이용할 수 있도록 만들었습니다.

Xbox One

소닉과 테일즈는 Xbox 360에 등장했는데, 이 클래식한 게임은 이제 Xbox One에서 다운로드할 수 있습니다.

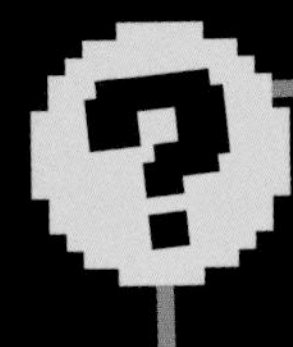

〈소닉 더 헤지혹 2〉 속 데스 에그는 스타워즈에 등장하는 죽음의 별을 오마주한 것입니다.

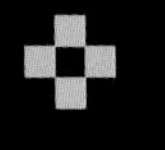

알라딘

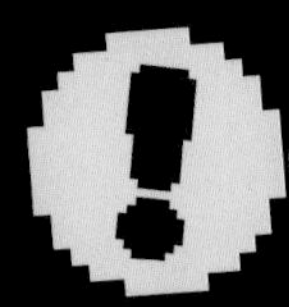

어떤 게임일까요?

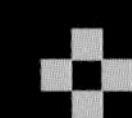

귀여운 동물이나 슈퍼 히어로가 등장하지 않는 플랫폼 게임을 원한다면 이 게임은 어떨까요?

메가 드라이브 플랫폼 게임을 생각하면 대부분 〈소닉 더 헤지혹〉을 떠올리게 됩니다. 하지만 〈알라딘〉도 매우 훌륭한 게임입니다.
게임의 스토리는 디즈니 만화 〈알라딘〉과 거의 일치합니다. 플레이어는 알라딘을 조종해 자스민 공주를 자파에게서 구출하는 것을 목표로 합니다. 알라딘은 아그라바 시장과 건물 지붕 위, 동굴과 술탄의 궁전으로 모험을 떠나며, 마침내 자파의 궁전에서 최종 결전을 펼칩니다.
이 게임은 각 스테이지마다 놀라운 애니메이션에 화려한 액션과 사운드가 더해져서 마치 클래식 애니메이션 영화 속에 있는 것처럼 느껴지게 합니다. 알라딘은 적들을 상대할 때 점프하거나 주먹으로 때리는 것 외에도 시미터를 휘두르고 사과를 던질 수 있습니다. 양탄자를 타는 것뿐만 아니라 로프 타기와 철봉 액션이 적절하게 조합되어 있습니다. 또한 재미있는 미니 게임도 함께 포함되어 있습니다. 여러분도 지니를 만나 세 가지 소원을 빌어 보세요.

가까운 공격에는 시미터를 사용하고, 멀리서는 사과를 던지는 것이 좋습니다.

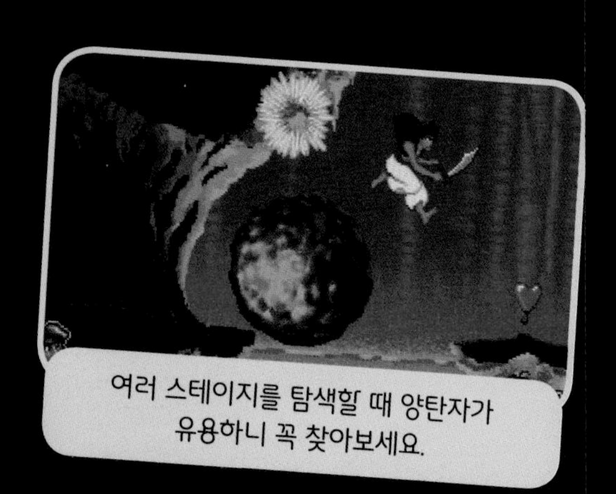

여러 스테이지를 탐색할 때 양탄자가 유용하니 꼭 찾아보세요.

플레이할 수 있는 방법

닌텐도 스위치, 플레이스테이션 4, Xbox One

〈Disney Classic Games Collection〉은 반드시 구매해야 할 제품입니다. 이 컬렉션에는 〈알라딘〉뿐만 아니라 〈라이온 킹〉과 〈정글북〉도 수록되어 있습니다.

이 게임에서 빨랫줄에 걸린 미키 마우스 머리띠와 궁전 던전에서 만화 〈인어공주〉의 세바스찬을 찾을 수 있습니다. 게임에 숨어 있는 다른 디즈니 작품들을 찾아보세요!

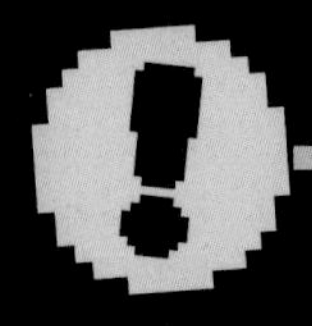

어떤 게임일까요?

<스트리트 파이터> 시리즈의 위력에 맞설 수 있는 격투 게임을 소개합니다!
<모탈 컴뱃>은 <스트리트 파이터>의 인기에 도전했고,
대성공을 거두었습니다.

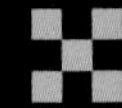

여러분이 격투 게임에 익숙하다면 〈모탈 컴뱃〉 시리즈 중 몇 가지 정도는 알지도 모릅니다. 이 게임에는 서로 다른 움직임과 능력을 가진 캐릭터들이 등장해서 격투를 벌입니다. 섕쑹의 섬에서 이루어지는 배틀은 토너먼트 방식으로, 3선 2승제로 진행됩니다. 게다가 〈스트리트 파이터〉의 캐릭터와는 다르게 〈모탈 컴뱃〉은 실사 파이터들이 등장하여 사실적인 움직임을 보여 주며, 액션은 블로킹과 반격에 무게를 둔 대결을 진행합니다. 파이터들은 자신만의 페이탈리티라고 불리는 기술을 사용해 상대방을 필요 이상으로 잔인하게 마무리할 수 있습니다. 또한 힘 측정이라는 미니 게임 시리즈도 있습니다.

이 격투에서는 리우 캉이
서브제로의 킥에 머리를 맞았습니다.

플레이할 수 있는 방법

레트로 평점 ★★★☆☆

Xbox One, 닌텐도 스위치, 플레이스테이션 4

대부분의 〈모탈 컴뱃〉 시리즈는 지금은 구하기 어렵습니다. 최신 버전인 〈모탈 컴뱃 11〉은 구할 수 있지만 성인만 플레이가 가능합니다.

?

이 게임은 타이틀을 정하는 것이 매우 어려웠다고 합니다. 쿠미테, 드래곤 어택, 데스 블로우, 그리고 페이탈리티까지 후보에 있었고 최종적으로 〈모탈 컴뱃〉으로 결정되었습니다.

베어 너클 II

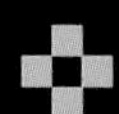

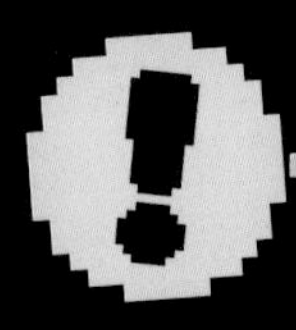

어떤 게임일까요?

액션 게임에 관심은 있는데
<모탈 컴뱃>이 너무 잔인해서 취향이 아니라면,
아케이드 스타일의 벨트스크롤 액션 게임은 어떤가요?

〈베어 너클 I〉에서 받은 타격을 회복한 Mr. X가 주인공들에게 복수하기 위해 다시 나타났습니다. 액셀은 아담이 납치되었다는 연락을 받고, 맥스, 블레이즈, 그리고 아담의 동생인 새미와 함께 아담을 구하러 떠납니다.
〈베어 너클 II〉는 빠른 속도와 도전적인 게임 플레이, 그리고 다양한 전투 시스템이 특징으로, 엄청난 재미를 선사합니다.

캐릭터들은 모두 각기 다른 공격 스킬과 블리츠 무브를 가지고 있으며, 거리에서 발견할 수 있는 무기를 획득해 공격력을 보강할 수 있습니다. 메인 2인용 모드는 협력 방식으로 진행되며, 근사한 콤보 공격을 시전할 수 있습니다. 만약 협력 플레이가 마음에 들지 않다면 대결 모드로 플레이해 보세요.

각 스테이지를 통과하기 위한 중요한 전략 중 하나는 구석에 몰리지 않는 것입니다!

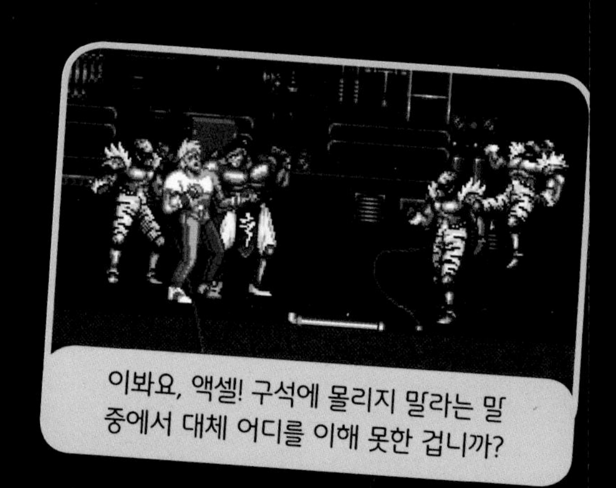

이봐요, 액셀! 구석에 몰리지 말라는 말 중에서 대체 어디를 이해 못한 겁니까?

플레이할 수 있는 방법

레트로 평점 ★★★★☆

닌텐도 스위치 온라인

확장 팩에 수록된 메가 드라이브 게임 중에 〈베어 너클 II〉 원작이 포함되어 있고, 청소년 게이머들을 위한 〈베어 너클 IV〉 또한 플레이 가능합니다.

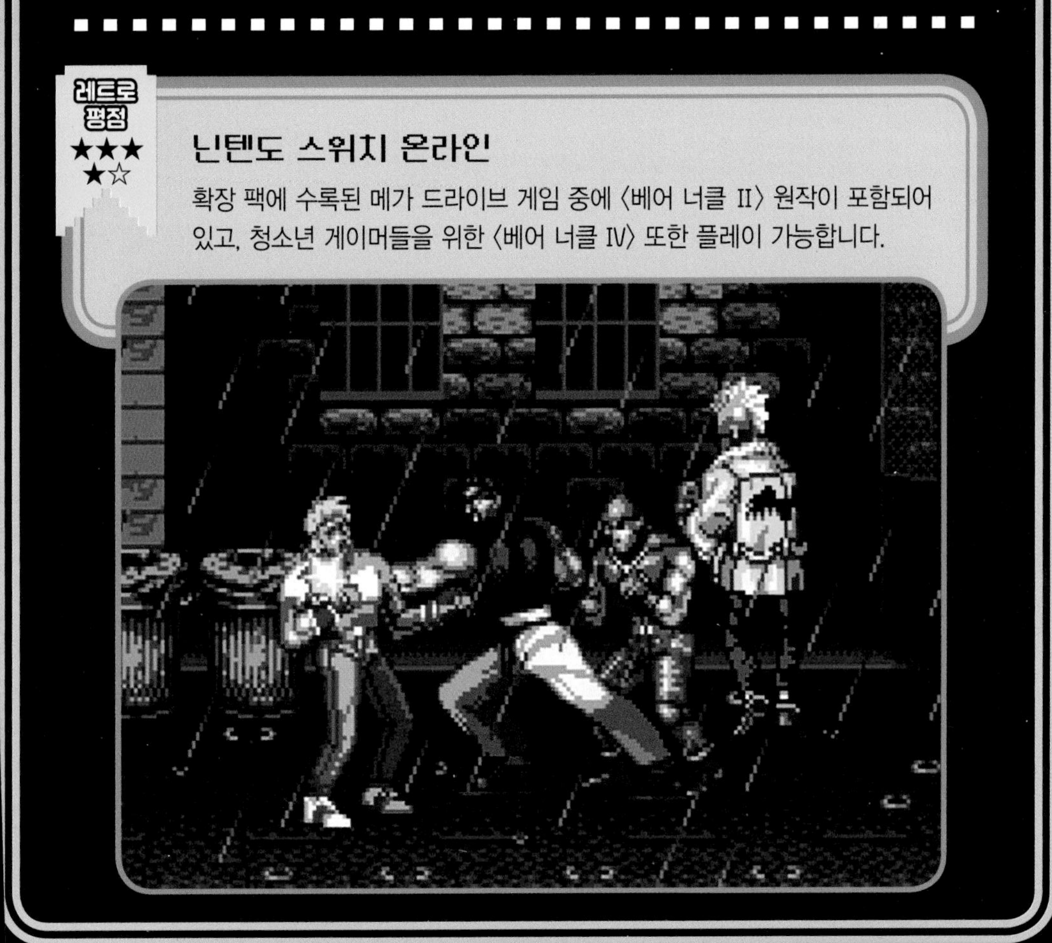

?

〈베어 너클〉의 작곡가인 요조 코시로는 더 오브(The Orb)와 프로디지(The Prodigy) 같은 영국 일렉트로니카 음악 밴드의 영향을 받았습니다. 이 게임의 사운드트랙은 역대 최고의 사운드트랙 중 하나로 인정받고 있습니다!

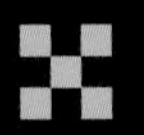

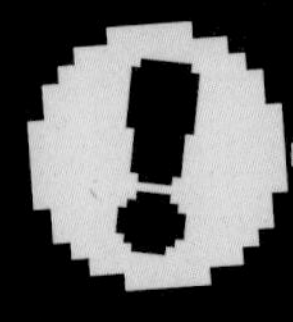

어떤 게임일까요?

이번에는 앞의 게임들과 전혀 다른 게임을 소개합니다.
<돌핀>은 이름처럼 돌고래 시뮬레이터입니다.

〈돌핀〉은 대규모 수족관에서 물고기들이 펼치는 액션 게임이 아닙니다! 이 게임은 복잡한 모험 스토리가 있는 해양 탐험을 다룬 게임입니다. 돌고래 주인공인 에코는 하얗고 노란 반점이 특징인 큰돌고래로, 다른 해양 생물과 상호 작용할 수 있으며, 노래하기 능력으로 생물의 위치를 파악할 수 있습니다. 에코는 수수께끼의 용오름에 끌려가 하늘 높이 사라져 버린 친구들을 찾아야 합니다. 이 게임에서 플레이어는 대부분의 시간을 물고기들과 함께 평화롭게 수영할 수 있습니다. 물론, 나중에는 타임머신을 타고 시간 여행을 떠나기도 하고, 외계 종족과 싸우는 등 SF 요소를 경험할 수도 있습니다.
이 게임은 명확하지 않은 퀘스트 때문에 플레이어 사이에서 호불호가 갈리는 편입니다. 플레이하다 보면 다음에 무엇을 해야 할지 알아내기 위해 오랜 시간 바다를 떠돌아야 합니다. 하지만 이러한 점이 〈돌핀〉의 매력 중 하나입니다.

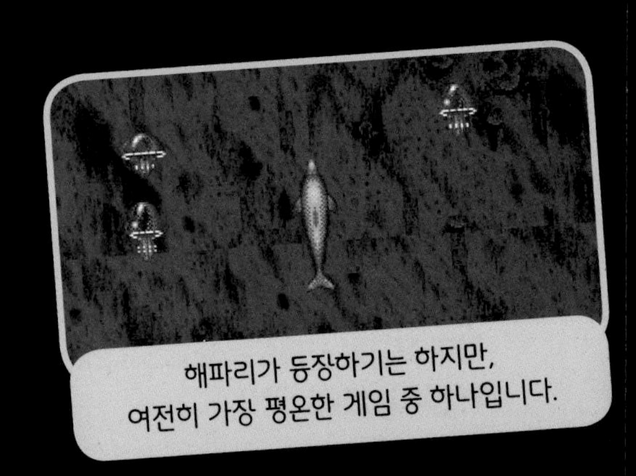

해파리가 등장하기는 하지만,
여전히 가장 평온한 게임 중 하나입니다.

플레이할 수 있는 방법

메가 드라이브 미니
(북미, 유럽판 한정)

이 작은 콘솔에서 에코를 만나 보세요. 여전히 매끄럽게 플레이할 수 있습니다.

레트로 평점 ★★★★★

닌텐도 스위치 온라인

닌텐도 스위치를 선호한다면, 고전 메가 드라이브 타이틀을 제공하는 확장 팩을 구매하여 게임을 즐길 수 있습니다.

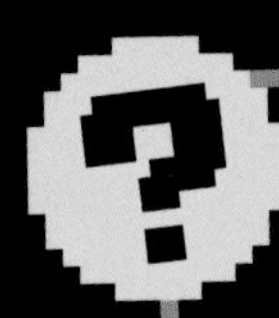

이 게임의 원어명은 〈Ecco the Dolphin〉으로 〈돌고래 에코〉 또는 원어 그대로 〈에코 더 돌핀〉이라고 불리기도 합니다. 삼성전자에서 정식으로 우리나라에 수입했는데, 〈돌핀〉이라는 타이틀로 출시되었습니다.

Another World

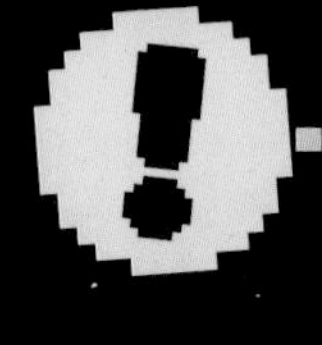

어떤 게임일까요?

이번에는 우주에서 생존을 건 투쟁을 그린
긴장감 넘치는 플랫폼 게임을 소개합니다.

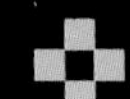

과학 실험은 원래 위험천만한 것일까요? 게임의 주인공인 레스터 나이트 체이킨은 입자 가속기 실험을 하고 있었습니다. 그런데 갑자기 벼락이 치더니 시간과 공간을 연결하는 구멍이 열리면서 그를 외계 행성으로 보내 버렸습니다. 주인공에게는 불운하고 엉망진창인 일이지만, 플레이어에게는 매우 흥미로운 판타지 액션 어드벤처 게임의 시작을 의미합니다.
〈Another World〉의 플랫폼 액션은 게임 〈페르시아의 왕자〉와 비슷하며 지형에 대해 신중하게 접근해야 합니다. 또, 문제 해결 능력이 필요하며, 앞에 있는 장애물을 정복하는 데 있어서 자주 시행착오를 겪게 됩니다. 게임이 진행되고 레스터가 레이저 권총을 구하게 되면 더욱 밀도 있는 액션이 전개됩니다.

하지만 파쿠르를 펼치듯 움직이며 위협적인 주변 환경을 탐색하는 것은 변함이 없습니다.
이 게임에 등장하는 애니메이션은 모션 캡쳐 이전의 시대에 만들어졌다는 것이 믿기지 않을 정도로 훌륭합니다. 레스터와 함께 외계 행성으로 여행을 떠나 보는 것은 어떨까요?

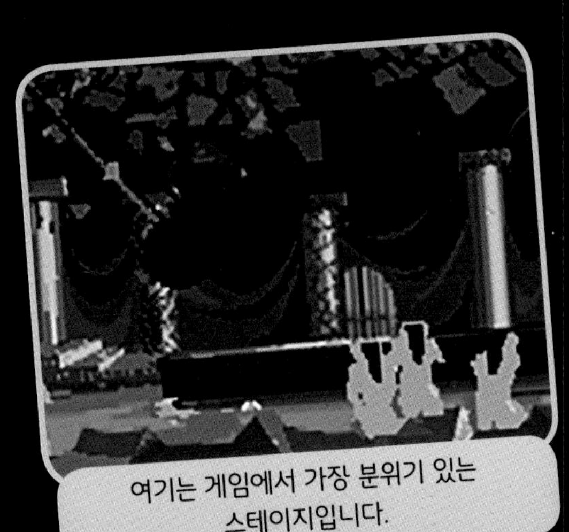

여기는 게임에서 가장 분위기 있는 스테이지입니다.

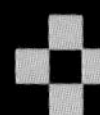

플레이할 수 있는 방법

Xbox One, 닌텐도 스위치, 플레이스테이션 4

오리지널 게임 플레이는 그대로 유지되면서 리마스터 그래픽과 사운드가 추가된 다른 세계를 모험해 보세요.

이 게임 세계의 창조자인 에리크 샤이는 게임 플레이를 독특하게 설정했습니다. 그는 계획적인 플레이보다 '어디로 가고 있는지 모르는 상태로' 만드는 것을 선호했습니다.

ToeJam & Earl

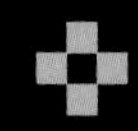

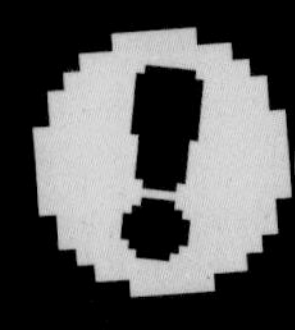

어떤 게임일까요?

콘솔 게임에 등장하는 외계인들은 대부분 악당들로 묘사되고 있습니다.
그러나 이 게임 속 캐릭터는 다릅니다.
그들은 그저 산책을 즐기는 것만으로도 행복해합니다.

토잼과 얼은 펑카트론 행성 출신의 외계인으로, 래퍼이자 우주선 조종사입니다. 어느 날, 그들의 우주선이 지구에 불시착하게 됩니다. 플레이어는 토잼과 얼 중 하나를 선택해 10개의 조각과 거대한 스피커를 찾고 지구를 탈출해야 합니다. 그러나 전 세계를 돌아다니며 제트 팩을 쓰는 산타, 최면에 걸린 훌라 댄서, 사랑에 빠진 천사, 삼지창을 든 희극적인 악마 등 이상하고 신기한 주민들이 그 앞을 가로막습니다.
플레이어는 게임에서 선물을 모아야 하는데, 일부는 유용하지만 다른 일부는 위험할 수 있습니다.
두 명이 분할 화면 모드로 플레이하면 두 래퍼가 서로 만날 때마다 하이파이브를 하는 모습을 볼 수 있습니다.

이 책에서 다양한 게임을 소개하고 있지만, 이 게임만큼 웃음을 추구하는 게임은 찾기 힘들 것입니다.

토잼과 얼 중 한 명을 플레이하거나, 친구와 함께 두 캐릭터를 동시에 플레이해 보세요!

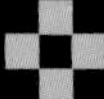

플레이할 수 있는 방법

닌텐도 스위치 온라인

닌텐도 스위치 온라인 서비스에 수록된 메가 드라이브 게임은 많지 않습니다. 다행히도 웃음 터지는 그래픽과 화려한 사운드트랙이 있는 〈ToeJam & Earl〉이 수록되었습니다.

〈ToeJam & Earl〉이 우리나라에서도 발매된 적이 있는데, 당시 〈홀이와 뚱이〉라는 타이틀로 출시되었다고 합니다.

Ristar

어떤 게임일까요?

1995년에 출시된 이 게임의 주인공은 말 그대로 별입니다!
이 별은 휘어지고 늘어지는 팔을 가지고 있습니다.
우주 해적을 상대할 때 완벽한 무기가 될 것 같지 않나요?

〈Ristar〉의 배경은 당연히 우주입니다. 평화로운 발디 행성계에 우주 해적 카이저 그리디가 나타나 행성의 지도자들을 지배하여 행성계를 정복하려고 합니다. 카이저 그리디의 횡포를 끝까지 버티던 니어 행성의 주민들은 히어로가 나타나기를 기도했고, 그 기도를 들은 별의 여신 오루토가 그녀의 아이들 중 하나인 리스타를 행성계로 보내게 됩니다. 리스타가 바로 이 게임의 주인공이지요!

히어로이자 주인공인 리스타의 큰 특징은 늘어지는 팔입니다. 팔을 늘어뜨려 적들을 멀리서 잡거나 머리를 강하게 부딪혀 없앨 수 있으며, 보물 상자도 같은 방식으로 열 수 있습니다. 리스타의 팔은 여덟 가지 방향으로 움직일 수 있는데, 점프가 약한 리스타에게 유용합니다. 특히, 쉽게 점프할 수 없는 지역으로 이동할 때 사용할 수 있습니다.

〈Ristar〉는 횡스크롤 시점으로 플레이할 수 있는 세가의 16비트 시대의 마지막 위대한 게임입니다!

적들의 머리를 찌르는 것 외에도, 리스타는 늘어난 팔로 적들에게 매달려 이동할 수 있습니다.

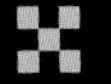

플레이할 수 있는 방법

메가 드라이브 미니 2

레트로 게임의 인기가 부활하면서 지금은 메가 드라이브 미니의 라인업에 속해 있습니다.

닌텐도 스위치 온라인

〈Ristar〉의 리메이크작은 휴대용 게임 시장에서도 볼 수 있습니다. 닌텐도 스위치를 사용한다면 확장 팩을 통해 게임을 플레이할 수 있습니다.

안드로이드

모바일 기기도 잊지 마세요. 구글 플레이에서도 늘어나는 팔을 가진 리스타의 모험을 다운로드할 수 있습니다.

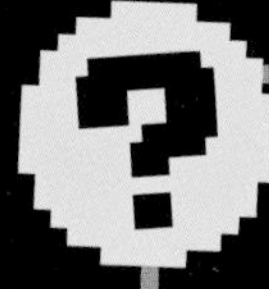

개발 당시, 주인공이 물건을 집을 수 있는 긴 토끼 귀를 가지는 것으로 결정했지만, 결국 팔이 더 낫다고 판단해 수정했다고 합니다.

태즈매니아

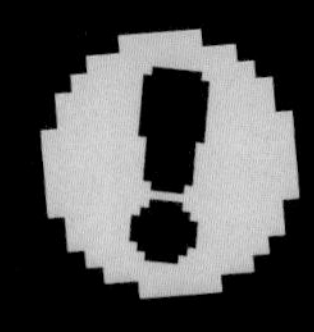

어떤 게임일까요?

**만화 <태즈매니아>를 아시나요?
우리가 좋아하는 루니 툰 캐릭터인 태즈매니아 데블 태즈가 태즈매니아의 땅을 탐험하고 로스트 밸리에 숨겨진 것을 찾는 모험을 시작합니다.**

여러분, 알을 찾아 떠나는 모험은 어떤가요? 휴 태즈매니아 데블은 아이들에게 흥미로운 이야기를 들려주었습니다. 옛날에 거대한 바다새가 있었는데, 이 새는 태즈매니아 데블 가족이 한 해 동안 먹을 수 있을 만큼 알을 많이 낳는다고 합니다. 그리고 태즈매니아 섬 어딘가에 거대한 바다새가 여전히 둥지를 틀고 있는 로스트 밸리가 있다는 것입니다. 태즈매니아 데블 태즈는 그 거대한 알 중 하나를 찾아 떠나기로 합니다. 〈태즈매니아〉는 플랫폼 게임에서 볼 수 있는 요소들을 여러 가지 방법으로 활기 넘치게 만들었습니다. 첫째, 단순히 오른쪽으로 달리다가 뛰어넘는 것이 아니라, 중간에 숨겨진 단계를 찾아서 통과해야 하는 비선형적인 요소가 있습니다. 둘째, 보통의 메가 드라이브 플랫폼 게임보다 퍼즐 요소가 더 강화되었습니다. 그리고 셋째, 태즈 자신입니다! 그가 자신만의 방식으로 끝없이 세계를 탐험하는 것을 보는 것은 언제나 재미있습니다!

태즈는 모험 중에 접하는 대부분의 것들을 먹을 수 있으며, 고추를 먹으면 불을 뿜는 능력을 갖게 됩니다!

플레이할 수 있는 방법

레트로 평점 ★★★☆☆

Xbox One

안타깝게도 〈태즈매니아〉는 이제 플레이할 수 없습니다. 그러나 다른 루니 툰 멤버들과 함께하는 〈스페이스 잼: 새로운 시대 – 더 게임〉에서 만날 수 있습니다.

iOS, 안드로이드

레트로 평점 ★★★☆☆

액션 RPG인 〈Looney Tunes 메이햄 월드〉에서 고전 루니 툰 캐릭터들을 만날 수 있습니다.

태즈는 도저히 가만히 있지 못하는 성격이기 때문에, 한 자리에 너무 오래 가만히 두면 짜증을 낼 수 있습니다.

캐릭터 퀴즈

여러분은 어떤 클래식 비디오 게임 캐릭터와 닮았나요?
다음 질문들에 대한 답을 통해 알아보세요.

1

여가 시간에 골프를 적어도 한 번 이상 해 본 적이 있나요?

a. 고-카트가 고장 났을 때만 한다.
b. 그런 것에 시간을 내지 않는다.
c. 골프는 조금 지루하다.
d. 퀘스트를 찾아 페어웨이를 다니는 게 좋다.

2

링을 수집하는 것을 좋아하나요?

a. 링보다 코인을 더 좋아한다.
b. 현상금이 걸린 우주의 링이라면 좋다.
c. 그것이 내 삶의 전부이다.
d. 마법이 깃든 링이거나 음악을 연주하는 링이라면 좋다.

3

어떤 유형의 세계에서 노는 것을 선호하나요?

a. 색감이 밝고 먹을 수 있는 버섯이 가득한 세계
b. 적대적이고 외계 생명체로 가득 찬 세계
c. 수영장이 많은 세계
d. 푸른색이 우거져 있고, 사악한 마법사들이 살고 있는 세계

4

우주 기생충에 의해 만들어진 자신의 복제품을 사냥해야 한다면 어떻게 하겠습니까?

a. 변명을 대고 배관을 수리하러 돌아간다.
b. 복제품을 쫓는다.
c. 복제품으로부터 도망간다.
d. 잘못된 게임에 들어온 것 같아서 혼란스러워한다.

5

파트너 여우가 따라다니고 정말 빨리 달리는 것을 좋아하나요?

a. 나는 누구? 파란 가시 고슴도치인가?!
b. 생각만 해도 싫다.
c. 아주 좋다!
d. 아직 시도하지 않은 몇 가지 중 하나이다.

6

카트 레이싱에 관심이 있나요?

a. 있다.
b. 없다.
c. 빠르지 않은 것은 별로다.
d. 상황에 따라 다르다. - 던전에서 가능할까?

7

어떤 유형의 악당과 대결하고 싶나요?

a. 가시 돋친 등껍질을 가진 악당
b. 모든 종류의 우주 해적
c. 럭셔리한 수염이 있는 박사
d. 이번 주에 공주를 납치한 악당

8

어두운 던전에서 자주 시간을 보내나요?

a. 물론이다! 나는 상징적인 플랫폼 캐릭터니까!
b. 우주 던전에서만 시간을 보낸다.
c. 다른 일부 사람들(또는 엘프)보다 자주 보내지는 않는다.
d. 언급하지 못할 정도로 자주 시간을 보낸다.

9

지하 세계를 탐험하는 것을 좋아하나요?

a. 수직 파이프를 통해서 접근한 경우에만 그렇다.
b. 그것이 내 인생의 전부이다!
c. 두 꼬리 여우와 함께 가는 경우에만 그렇다.
d. 불타는 횃불로 부분적으로 밝혀진 세계라면 그렇다.

10

대화하는 나무가 여러분에게 모험을 떠나라고 한다면 어떻게 할 건가요?

a. 그냥 무시한다.
b. 나무를 없앤다.
c. 링이 있다면 달려간다.
d. 말에 올라타 모험을 떠난다.

답한 a, b, c, d의 수를 세어 보세요.

A가 가장 많다면:
당신은 마리오입니다!
배관공으로 유명하지만 실제로 고쳐 보기는 한 건지 확인할 수 있는 증거가 없습니다.

B가 가장 많다면:
당신은 사무스 아란입니다!
파워 팩이 달린 엑소 스켈레톤 슈트 없이는 아무 데도 가지 않습니다.

C가 가장 많다면:
당신은 소닉입니다!
나무 덩굴에 살고 모닥불 근처에서 자며 고양이 음식을 훔쳐 먹습니다.

D가 가장 많다면:
당신은 링크입니다!
모든 모험에 참여하고 검과 녹슨 방패 외에도 여러 가지를 갖추는 것을 좋아합니다.

소닉 어드벤처

어떤 게임일까요?

**소닉이 3D로 더 빠르게 돌아왔습니다!
그리고 더 많은 친구들과 함께 로보트닉 박사의
악랄한 계획을 막는다고 합니다.**

〈소닉 어드벤처〉에는 소닉과 테일즈 외에도 너클즈 디 에키드나, 에이미 로즈, 빅 더 캣, 그리고 E-102 감마가 추가되어 플레이할 수 있는 캐릭터가 총 6명으로 늘었습니다. 그러나 플레이어가 처음부터 모든 캐릭터를 플레이할 수 있는 것은 아닙니다. 처음에는 소닉으로 플레이를 시작해야 합니다. 이후 다른 캐릭터를 하나씩 만나면 그 캐릭터의 스토리가 열립니다.
〈소닉 어드벤처〉는 초음속 액션 외에도 RPG의 요소와 비선형적인 게임 플레이가 더해졌습니다. 어드벤처 필드를 통해 여러 스테이지에 진입할 수 있으며 시시때때로 6개의 캐릭터가 사용할 수 있는 특정 기술이 필요합니다. 예를 들어 E-102 감마는 슈팅에 능숙하고, 에이미 로즈는 퀴즈를 해결합니다. 또한, 이 게임에서 플레이어는 원하는 만큼 미니 게임을 즐기며 재미를 느낄 수 있습니다. 〈소닉 어드벤처〉는 클래식 시리즈에서도 가장 돋보이는 우수한 게임입니다.

새로운 요소들도 많지만
여전히 소닉의 모험에서 가장 중요한 것은
최대한 빠르게 달리는 것입니다.

플레이할 수 있는 방법

Xbox One

Xbox 360용 〈소닉 어드벤처〉는 매우 재미있는 게임입니다. 엑스박스 게임스 스토어를 사용해 Xbox One에서도 플레이 가능합니다!

레트로
평점
★★★
★☆

닌텐도 스위치

닌텐도 스위치용으로 출시된 〈소닉 컬러즈 얼티밋〉은 멋진 그래픽과 아슬아슬할 정도로 빠른 속도에 눈을 뗄 수 없습니다.

개발팀은 각 스테이지에 현실적인 느낌을 주고자 남미의 고대 유적지를 방문해 정글을 거닐며 조사했다고 합니다.

어떤 게임일까요?

이제는 전혀 다른 장르로 가 볼까요? 바로 낚시입니다.
콘솔에 구현된 낚시 경기의 멋진 세계로 떠나 보세요!

게임 스토리에 맞춰 콘솔용 낚싯대 컨트롤러를 출시한 것은 매우 대담한 결정이었던 것 같습니다. 물론 그 결정 덕분에 플레이어는 컨트롤러로 낚싯대를 던져서 배스를 낚은 뒤 끌어올리는 과정을 생생하게 경험할 수 있습니다.
이 게임의 핵심은 제한 시간 내에 특정 무게의 물고기를 잡는 것입니다. 요리조리 잘 빠져나가는 물고기를 낚기 위해 적절한 종류의 미끼를 고르고 낚싯대를 던질 장소를 선택해야 합니다.
이 게임은 하루 중 여러 시간대에 각기 다른 스테이지에서 경쟁한 후, 맵에 존재하는 단 한 마리의 배스를 낚아야 하는 결승전으로 이어집니다.
플레이어는 낚시를 위해 여러 가지 미끼를 시험해 보고 다양한 기상 조건, 호수, 시간대를 경험하면서 전략적으로 낚시를 해야 합니다. 또, 낚싯대 컨트롤러를 사용하면 환경에 더 몰입할 수 있습니다. 한 번 플레이해 보면 여러분도 곧 낚시에 푹 빠지게 될 것입니다.

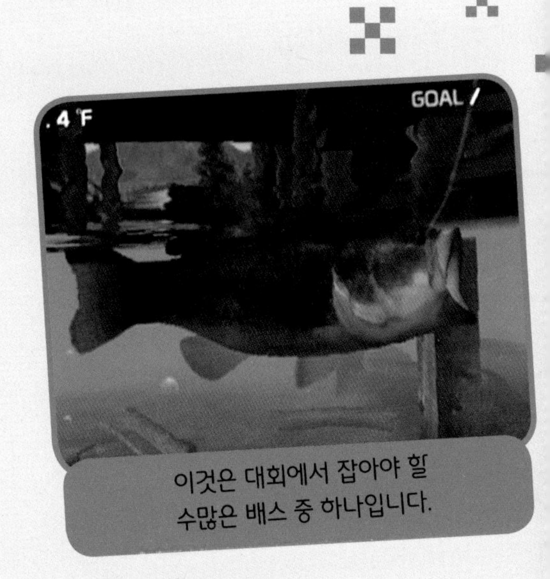

이것은 대회에서 잡아야 할 수많은 배스 중 하나입니다.

플레이할 수 있는 방법

Xbox 360

낚시 전용 컨트롤러를 구할 수는 없지만, 일반 컨트롤 패드로도 이 게임을 잘 플레이할 수 있습니다. Xbox 360 버전으로 새롭게 만나 보세요.

<세가 배스 피싱>은 원래 <겟 배스>로 알려진 아케이드 게임이었습니다. 아케이드 기기에서는 더 큰 낚싯대를 사용해 더욱 현실적으로 낚시를 체험할 수 있었습니다.

Metropolis Street Racer

어떤 게임일까요?

우리나라에서 쉽게 접할 수는 없지만, 일반적인 레이싱 게임보다 더 진지하게 레이싱을 펼치는 게임이 있습니다. 그렇다고 게임이 재미없다는 뜻은 전혀 아닙니다!

진지하다는 표현보다 현실적이라는 표현이 더 어울리는 레이싱 게임 〈Metropolis Street Racer〉는 기어 스틱을 흔드는 것 이상의 스릴과 속도감을 제공합니다. 또, 플레이어만의 레이싱 스타일과 조작 능력을 강조합니다.
플레이어는 런던, 도쿄, 샌프란시스코 등 세계의 도시들을 정확하게 재현한 262개의 트랙에서 외부 차량의 방해 없이 레이싱을 펼칠 수 있습니다. 그러나 처음에는 일부 트랙만 열리며, 각 세트를 클리어하면 다음 트랙이 열리고 더 멋진 차를 획득할 수 있습니다.
〈Metropolis Street Racer〉는 현실적인 만큼 플레이가 매우 어렵습니다. 또, 레이싱에 필요한 수준의 운전 기술을 습득하는 것도 굉장히 어렵습니다. 하지만 뛰어난 디자인을 보여 주는 트랙에서 레이싱 카의 핸들을 잡아 보지 않을 이유가 없겠죠?

카리스마 있는 드리프트로 멋지게 운전하면 Kudos(쿠도스) 포인트를 얻을 수 있습니다.

1대 1 모드에서는 경쟁자에게 약간의 유리한 스타트를 주어 게임을 더 어렵게 만들 수 있습니다!

플레이할 수 있는 방법

드림캐스트

〈Metropolis Street Racer〉는 북미와 유럽에서 드림캐스트 전용으로 출시되었습니다. 다른 콘솔에서는 사용할 수 없다는 점이 아쉬운 점입니다.

〈Metropolis Street Racer〉는 여러분이 알고 있는 게임 〈프로젝트 고담 레이싱〉 시리즈의 원조라고 할 수 있습니다. 두 게임은 제작자가 동일하며 게임의 기본 콘셉트가 일치합니다.

Virtua Tennis

어떤 게임일까요?

까다로운 점수 산정 시스템을 제외한다면,
테니스는 플레이하기 쉬운 스포츠입니다.
테니스 게임의 가상 버전인 <Virtua Tennis>도 마찬가지입니다.

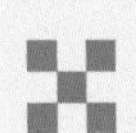

일본 내수용에서 〈파워 스매시〉라고 불리는 이 게임은 1999년에 아케이드 게임으로 처음 출시되었습니다.
이 게임은 5라운드 토너먼트에서 당대의 스타 선수들과 맞서야 합니다. 게다가 테니스 코트의 종류와 그에 따라 공이 반응하는 것을 사실적으로 잘 나타냈습니다. 선수들은 각자의 강점과 약점을 가지고 있기 때문에 같은 대회를 여러 번 플레이하는 것도 재미있습니다.
실제 테니스를 플레이하는 것처럼 슬라이스, 로브, 스매시 등 다양한 라켓 동작을 배워 시도할 수 있는 컨트롤 시스템을 가지고 있습니다. 또, 상대방의 위치와 다음으로 할 선택을 예측해야 토너먼트에서 승리하고 세계 랭킹을 올릴 수 있습니다.
이 게임에는 미니 게임처럼 구성된 몇 가지 재미있는 트레이닝 세션도 함께 제공됩니다.

선수마다 자신만의 장단점이 있어 적절하게 상대해야 합니다.

플레이할 수 있는 방법

레트로 평점 ★★★★☆

안드로이드

모바일 기기에 맞게 조정된 업데이트 버전 〈Virtua Tennis Challenge〉를 찾아보세요.

?

배스 낚시를 위한 낚싯대 컨트롤러를 가지고 있다면 테니스 경기에도 호환해 사용할 수 있습니다.

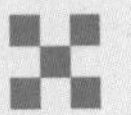

ChuChu Rocket!

어떤 게임일까요?

드림캐스트가 너무 진지하고 어른들을 위한 콘솔처럼 보였다면 걱정하지 마세요! 이 콘솔에는 고양이와 쥐가 열광하는 게임도 있습니다!

〈ChuChu Rocket!〉은 우주 항구에서 살고 있는 쥐 종족(타이틀의 츄츄가 이들을 뜻함)이 카푸카푸스라는 고양이 군단에게 침략당해 편안한 집을 잃게 되는 상황에서 시작합니다. 그들에게 남은 유일한 선택지는 무시무시한 고양이들을 피해서 로켓으로 탈출하는 것입니다. 플레이어의 역할은 패닉에 빠진 쥐들을 로켓으로 안전하게 이끌어 주는 것입니다!
츄츄는 직선으로 달리다가 벽에 부딪히면 오른쪽으로 도는 습성을 가지고 있습니다. 따라서 그들이 지나가는 위치에 방향 화살표를 놓아 방향을 바꾸도록 해야 합니다. 한 번에 최대 세 개의 화살표만 놓을 수 있으며, 카푸카푸스가 화살표를 두 번 때리면 마법처럼 사라집니다. 스테이지 레벨이 높아질수록 탈출시켜야 할 츄츄과 등장하는 카푸카푸스 및 벽이 더 많아집니다. 이 게임은 단순하면서도 중독성이 강한 게임입니다.

퍼즐 모드에서는 직접 게임 보드를 만들 수 있고 다양한 방식으로 게임을 즐길 수 있습니다.

플레이할 수 있는 방법

〈ChuChu Rocket! Universe〉는 전작에서 업데이트된 버전으로 추가 게임 플레이뿐만 아니라 3D 그래픽을 즐길 수 있는 게임입니다. iOS에서 즐길 수 있었지만, 아쉽게도 2022년에 서비스가 중단되었습니다.

?

이 게임은 드림캐스트의 대량의 캐릭터 처리 능력 및 드림캐스트와 세가 서버의 온라인 기능을 테스트하기 위해 개발된 것으로 알려져 있습니다.

소니 타임라인

소니는 게임 시장에 상대적으로 늦게 진출했지만 혁신적인 기기로 시장을 압도하였습니다. 그리고 여전히 훌륭한 콘솔 기기들을 출시하여 대세를 이어가고 있습니다.

1994

플레이스테이션

더 이상 게임이 아이들만을 위한 놀이가 아니라 어른들의 취미도 될 수 있도록 인정받게 한 가정용 콘솔 기기입니다.

2000

플레이스테이션 2

업그레이드된 성능과 함께 DVD 기능을 사용할 수 있게 되었습니다.

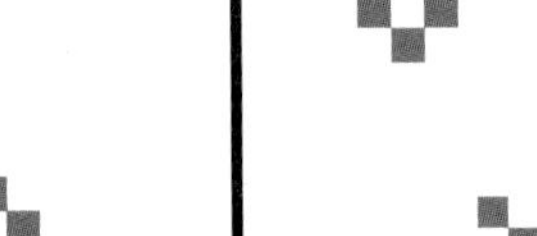

2004

PSP

닌텐도 DS에 맞선 최고의 휴대용 게임기입니다. 일본에서는 한때 닌텐도 DS의 판매량을 넘어서기도 했습니다.

우주에서 게임을 즐기자!

1993년 러시아의 우주 비행사 알렉산드르 세레브로프는 우주 비행을 떠날 때 휴대용 게임기를 들고 가서 우주에서 게임을 즐겼다고 합니다.

폴라로이드 사진

카메라 폰이 나오기 전, 사진을 즉시 볼 수 있는 방법으로 폴라로이드 카메라가 인기였습니다. 이 카메라로 촬영하면 사각형 모양의 인화지가 즉시 나옵니다. 이 아이디어는 에드윈 H. 랜드라는 발명가가 자신의 3살 딸이 사진을 바로 볼 수 없다는 것을 이해하지 못하던 것에서 시작되었습니다.

플레이스테이션 3

더 많은 게임!
블루레이 디스크의 등장!
그러나 출시 당시,
반응은 크지 않았습니다.

2006

플레이스테이션 4

소니는 PS Vita 대신
플레이스테이션 4에
집중했습니다. 그 결과,
콘솔 시장을 압도적으로
장악할 수 있었습니다.

2013

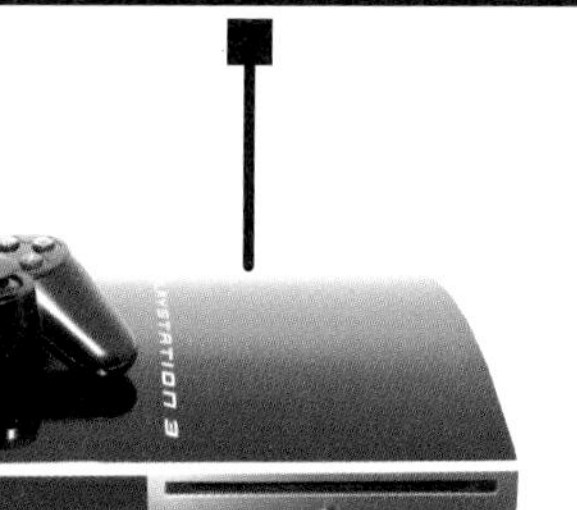

2011

PS Vita

우수한 성능과 고급 게임으로
닌텐도 3DS와 경쟁한
휴대용 게임기입니다.

별에서 온 영감

카피라이터 빈니 치코는 영화 〈2001: 스페이스 오디세이〉의 유명한 대사 "할! 격납고(pod bay) 문을 열게."에서 영감을 받아 iPod의 이름을 지었다고 합니다. 놀랍게도 iPod는 2001년에 출시되었습니다.

어떤 게임일까요?

콘솔을 출시할 때 대표할 자체 캐릭터를 갖추는 것이 중요합니다. 소니는 이런 기대를 실망시키지 않았습니다. 여러분, 크래쉬 밴디쿳을 환영해 주세요!

마리오처럼 크래쉬도 구출 작업을 완수해야 합니다. 닥터 네오 코텍스는 나쁜 짓을 하는 과학자로 야생 동물을 세뇌시켜 그의 군대에 편입시키고 있습니다. 하지만 크래쉬는 강한 의지를 가진 존재로, 쉽게 세뇌되지 않고 달아납니다. 닥터 네오 코텍스는 크래쉬를 유인하고자 그의 여자 친구인 타우나를 인질로 잡았습니다. 그러나 타우나를 구하러 가는 크래쉬 앞을 닥터의 군대와 여러 보스들이 막아섭니다. 이 플랫폼 액션은 간혹 3D에서 횡스크롤 시점으로 전환됩니다. 플레이하면서 각종 강화 아이템과 보너스를 찾아보세요.
〈크래쉬 밴디쿳〉은 자체적인 세계관, 플레이 스타일, 개그 요소, 플랫폼 장르만의 고유 특징을 훌륭하게 접목했습니다. 성공할 수밖에 없는 요소들이 가득한 게임이 플레이어에게 큰 재미를 선사하는 것은 당연하겠죠?

크래쉬는 시그니처 스핀 어택을 사용해 자신의 근처로 다가오는 적들을 없앨 수 있습니다.

플레이할 수 있는 방법

플레이스테이션 4

2017년, 크래쉬와 친구들이 HD 버전으로 화려하게 돌아왔습니다. 원작과 그 이후 2개의 후속작은 플레이스테이션 4에서 플레이할 수 있습니다.

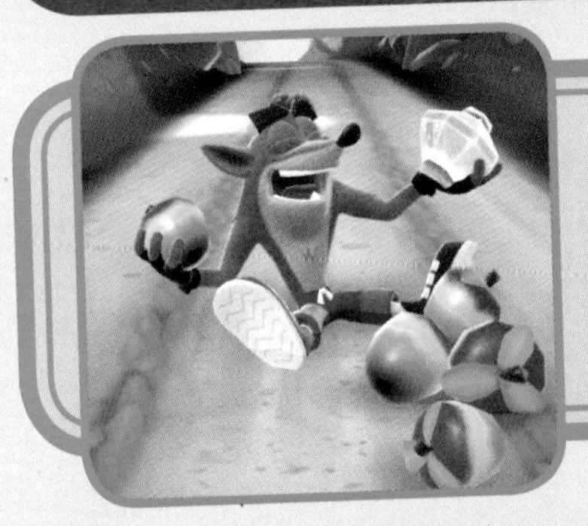

안드로이드

〈크래쉬 밴디쿳: 온더런〉을 통해 오리지널 크래쉬의 액션을 모바일 기기에서 경험해 보세요.

닌텐도 스위치

〈크래쉬 밴디쿳〉 시리즈는 아니지만, 〈Skylanders〉에서 크래쉬 밴디쿳이 게스트로 멋지게 등장합니다.

?

개발팀은 플레이스테이션 시그니처 캐릭터로 털 달린 생물체를 원했습니다. 그리고 상당 기간 '윌리 더 웜뱃'이라는 이름의 웜뱃 캐릭터가 가장 유력한 후보였다고 합니다.

WipEout XL

어떤 게임일까요?

2052년 펼쳐진 F3600 반중력 레이싱 리그를 기억하나요?
그로부터 수십 년 후, 초음속 레이서들이 다시 등장했습니다.

〈WipEout XL〉은 〈WipEout〉에서 약 40년 후의 이야기입니다. F3600 반중력 레이싱 리그는 더 빠르고 위험한 형태인 F5000 AG 레이싱 리그로 업그레이드되었습니다. 그러나 여전히 플레이어가 조종대를 잡고 반중력 레이싱 챔피언이 되기 위해 경주를 계속 이어가야 합니다. 물론 승리를 위해서 약간의 충돌은 필수이며 다양한 무기를 사용해 적의 쉴드를 파괴해야 합니다.
레이싱 트랙은 고속 직선 구간, 까다로운 코너 구간, 구덩이로 가득하기 때문에 레이스를 어떻게 해야 할지 그 방법을 찾아야 합니다. 이를 해결하는 핵심은 '에어 브레이크' 시스템입니다. 이것을 마스터하면 가장 심한 코너 구간도 직선 구간처럼 손쉽게 지나갈 수 있습니다. 또한 레이싱 중에 상대와 충돌하는 것도 현명하게 결정해야 합니다. 상대방을 많이 밀어내면 이길 가능성은 커지지만 많은 시간이 소요되기 때문입니다.
여러분, 빠른 템포의 사운드와 함께 레이싱에 참가해 보세요!

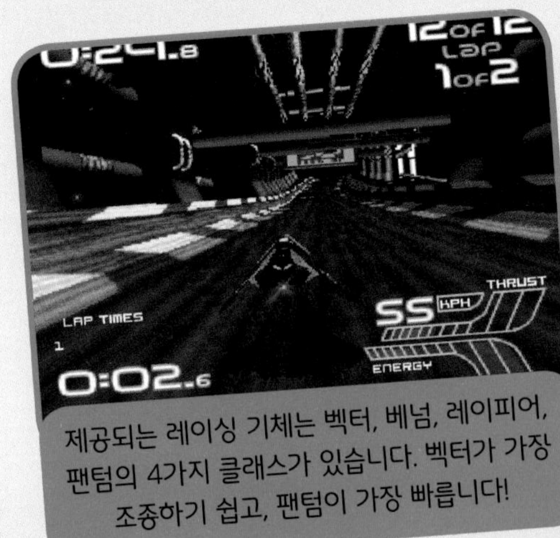

제공되는 레이싱 기체는 벡터, 베넘, 레이피어, 팬텀의 4가지 클래스가 있습니다. 벡터가 가장 조종하기 쉽고, 팬텀이 가장 빠릅니다!

플레이할 수 있는 방법

플레이스테이션 4

원작은 플레이할 수 없지만 〈WipEout Omega Collection〉에는 〈WipEout HD〉, 〈WipEout HD Fury〉, 〈WipEout 2048〉을 함께 묶어 제공합니다.

<WipEout XL>은 NeGcon 컨트롤러와 호환됩니다. 이것은 컨트롤러의 좌우를 돌리면서 조작할 수 있는 모션 기반 기술로 만들어진 독특한 모양의 컨트롤러입니다. 이 컨트롤러로 에어 브레이크 시스템을 완벽하게 작동할 수 있습니다.

파라파 더 래퍼

어떤 게임일까요?

강아지 파라파가 플레이스테이션에 출격했습니다!
랩을 통해 짝사랑하는 꽃의 요정 써니 퍼니의 마음을 얻으려는
라임 마스터를 응원해 주세요.

이보다 더 단순한 게임을 찾기 어려울 것입니다. 〈파라파 더 래퍼〉는 멋진 음악에 맞춰 적절한 순서와 시간에 컨트롤러 버튼을 누르는 리듬 게임입니다. 때로는 가장 단순한 것이 최고이고, 매력적이며, 재미있을 수 있습니다.

파라파는 써니 퍼니의 마음을 얻기 위한 여정에서 무술 체조 수업 듣기, 운전 배우기, 케이크 굽기, 클럽 스테이지에 오르기 등 다양한 경험을 합니다. 물론 이 모든 여정에는 항상 랩이 함께합니다.

파라파가 들른 첫 장소에서
그는 전설적인 달인 양파 선생에게
무술 체조를 배웁니다.

U rappin' GOOD 등급을 받으려면
타이밍을 잘 맞춰야 합니다.

플레이할 수 있는 방법

플레이스테이션 4 & 5

〈파라파 더 래퍼〉의 스핀오프 작품인 〈Um Jammer Lammy〉와 〈파라파 더 래퍼〉의 리마스터 버전을 즐겨 보세요.

파라파는 일본어로 '종이처럼 얇은'을 뜻하는 언어유희입니다. 그래서 캐릭터가 종잇장으로 나오는 것이겠죠?

Colin Mcrae Rally

어떤 게임일까요?

랠리 경주는 거의 모든 면에서 트랙 레이싱과 다릅니다.
초강력 엔진과 정교한 운전은 잊으세요.
무모하게 질주하며 흙먼지를 일으킬 시간입니다!

〈Colin Mcrae Rally〉는 스토리를 제외하고 오직 자동차, 코드라이버, 코스와 시간에 초점을 두었습니다. 이 게임은 장애물이 있는 8개의 랠리 코스, 3가지 난이도(초보자, 중급자, 전문가), 12대의 자동차가 제공됩니다. 그렇게 랠리가 시작됩니다! 다른 차량들과 경쟁하지 않는다고 하더라도, 게임 안의 액션은 스릴 넘치게 전개됩니다. 다양한 차량들과 지형이 모두 실제처럼 재현되어 있어서 새로운 차량을 운전해 커브를 돌고, 바퀴의 회전과 파워 슬라이드를 즐기면서 운전하는 것은 굉장히 도전적이면서 재미있습니다.
진정한 비포장 트랙에서의 운전을 경험해 보세요!

코드라이버의 말에 귀 기울이지 않으면 이런 일이 벌어집니다.

플레이할 수 있는 방법

플레이스테이션 4, Xbox One

〈Colin Mcrae Rally〉는 〈DiRT〉 시리즈로 이어졌으며, 많은 스포츠 게임과 마찬가지로 정기적으로 업데이트되고 있습니다. 원작은 현재 이용할 수 없지만 〈DiRT〉 시리즈는 이용 가능합니다!

이 게임은 영국 레이서 콜린 맥레이와의 합작으로 〈Colin Mcrae Rally〉로 출시되었으나, 그가 2007년 사망하면서 더 이상 이름을 사용하지 않게 되었습니다.

라쳇 & 클랭크

어떤 게임일까요?

이번에는 플랫폼 게임입니다! 롬백스 종족인 라쳇과 공장에서 탈출한 불량 로봇 XJ-0461이 모험을 떠나 은하계를 구하는 스토리입니다. 이들과 함께 잊지 못할 우주여행을 경험해 보세요.

〈라쳇 & 클랭크〉는 사악한 사업가 드렉이 자신이 살던 행성이 살기 어려워지자 다른 행성을 착취하고 파괴하여 새 행성을 건설하려는 것에서 시작합니다. 클랭크는 그의 음모를 알고 라쳇과 함께 영웅 캡틴 쿼크를 찾아 갑니다. 그러나 이미 캡틴 쿼크는 드렉에게 매수된 상태였고 오히려 라쳇과 클랭크가 위험에 처하게 됩니다. 클랭크의 정체는 드렉의 로봇 공장에서 탈출한 불량품인 전쟁 로봇 XJ-0461입니다. 라쳇이 그를 발견하고 수리를 해 클랭크라는 이름을 붙여 준 것입니다.

이 게임에서는 재미있는 점프, 악당 퇴치 및 파워업 아이템을 모으는 것뿐만 아니라 라쳇과 클랭크의 멋진 파트너십을 볼 수 있습니다. 클랭크는 라쳇의 등에 매달려 다니는데, 게임에서 라쳇이 액션을 맡는다면 클랭크는 라쳇을 보조하고, 퍼즐 구간을 해결합니다. 게임 미션으로는 레이스, 우주 전투, 미니 게임 등 다양한 요소가 제공됩니다. 새로운 캐릭터로 세상을 구하는 모험을 떠나고 싶다면 바로 플레이해 보세요.

라쳇은 스테이지 전체에 걸쳐 흩어져 있는 36개의 다양한 무기와 도구들을 활용할 수 있습니다.

원한다면 주변 환경을 보기 위해 1인칭 시점으로 전환할 수 있습니다.

플레이할 수 있는 방법

레트로 평점 ★★★★☆

플레이스테이션 4

〈라쳇 & 클랭크〉는 업그레이드되어 다시 발매되었습니다. 이제 HD 형태로 플레이스테이션 4에서 즐길 수 있습니다.

레트로 평점 ★★★★★

플레이스테이션 5

〈라쳇 & 클랭크: 리프트 어파트〉에서 새로운 무기와 다양한 멋진 기술로 재등장한 두 주인공의 역동적인 모험을 즐겨 보세요.

개발팀은 〈잭 앤 덱스터: 구세계의 유산〉의 개발진과 게임 기술을 공유했으며, 이 때문에 각 게임 안에서 절묘하게 서로를 언급하는 것을 발견할 수 있습니다.

SSX Tricky

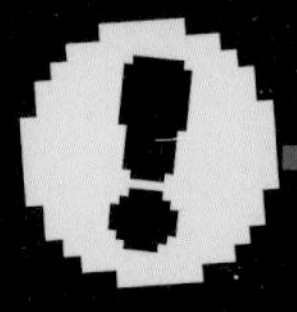

어떤 게임일까요?

거짓말처럼 산이 눈으로 뒤덮여 있습니다. 만약 사람들이 여러분에게 위험하지만 스릴 넘치는 동작을 하면서 매우 가파른 슬로프를 정복하자고 한다면 어떨 것 같나요? 보드를 신고 슬로프로 나가 보세요.

〈SSX Tricky〉는 출발선을 눈앞에 둔 스노보드-크로스 선수처럼 즉시 액션에 뛰어들어야 할 것만 같은 느낌을 줍니다. 플레이어는 12명의 선수 캐릭터 중 하나를 선택해야 합니다. 게임 모드는 4가지가 있는데 가장 메인인 월드 서킷 모드는 다른 선수들과 10개의 트랙에서 경쟁하는 것이며, 레이스와 쇼오프 두 주요 종목으로 나뉩니다. 레이스는 1등으로 완주하는 것, 쇼오프는 가장 화려한 움직임으로 큰 점수를 얻는 것입니다. 나머지 3가지 모드는 연습 모드, 싱글 이벤트, 프리라이드 모드입니다. 프리라이드 모드는 플레이어가 캐릭터나 보드를 잠금 해제할 수 없고, 한 명 또는 두 명의 플레이어와 함께 플레이할 수 있습니다.
게임 제어 시스템은 스노보드 메커니즘에 맞게 잘 디자인되었습니다. 산과 코스는 모두 독특하며, 다양한 경로와 장애물이 제공되어 트릭을 펼칠 수 있습니다. 제공되는 동작은 사실적이면서 환상적입니다. 어서 확인해 보세요!

밤에는 별 아래에서 움직임을 보여 줄 수 있습니다.

클래식한 공중 묘기를 선보입니다!

플레이할 수 있는 방법

Xbox 360

〈SSX〉는 많은 후속작을 출시했습니다. 그중 Xbox 360 버전은 게임스 스토어에서 구할 수 있습니다. 게임 플레이는 이전과 마찬가지로 즐겁고 업그레이드된 그래픽과 사운드를 즐길 수 있습니다.

〈SSX Tricky〉는 우리나라에서도 정식 발매되었는데, 국내 버전에서는 오리지널 게임의 일본인 캐릭터 '카오리' 대신 '김유리'라는 한국 출신 여성 캐릭터가 등장합니다.

위닝일레븐 6

어떤 게임일까요?

**모든 팀, 대회, 경기장, 그리고 의심스러운 심판 판정까지!
현대 축구의 장단점을 담은 최고의 축구 게임을 소개합니다.**

〈SSX Tricky〉와 마찬가지로 휘슬이 울리면 게임이 바로 시작됩니다. 프로 리그 또는 국가를 선택한 뒤, 골을 넣는 일에 전념하세요! 현실에 존재하는 많은 팀, 선수, 경기장 중에서 원하는 것을 선택할 수 있으며, 이들은 실제 상대와의 매치 경험을 반영하도록 조정되어 있습니다. 또, 1인과 2인 모드에서 차원이 다른 플레이를 제공합니다. 스포츠 시뮬레이션 게임은 대개 현실감을 추구하는데, 〈위닝일레븐 6〉는 놀라울 정도로 그 이상을 보여 줍니다. 게임에서 동일한 슛이나 태클을 하더라도 경기에 따라 결과가 다르게 나타날 수 있습니다. 선수의 컨디션이 나쁘면 프리킥이 상단 코너로 빨려 들어갈 수도 있고, 골키퍼나 수비수의 벽에 막힐 수도 있습니다. 게임에서 조종하지 않는 선수들의 인공 지능은 최고 수준으로, 수비수와 공격수 모두가 진짜 축구 경기를 하는 것처럼 움직입니다.

각 팀의 실제 플레이 스타일이 게임 안에 모델링되어 게임의 현실감을 더했습니다.

파란색 유니폼 선수가 반칙을 범한 것 같습니다!

플레이할 수 있는 방법

플레이스테이션 4, Xbox One

이 게임은 계속 발전해서 〈eFootball〉 시리즈로 변화했습니다. 대부분의 스포츠 시뮬레이션 게임과 마찬가지로, 이전 버전들도 플레이할 가치와 재미가 넘칩니다.

레트로
평점
★★★
★☆

iOS, 안드로이드

모바일 축구 게임을 더 선호한다면, 원하는 스토어에서 〈eFootball〉을 다운로드해 보세요.

만약 일반적인 축구 장비가 마음에 들지 않는다면, 스토어로 이동하여 더욱 독특한 유니폼을 찾아보세요. 타조, 펭귄, 공룡 등의 의상으로 팀을 꾸밀 수 있습니다!

레트로 퀴즈! 정답

1 c. 더 락

2 a.사각형

3 b. 공주

4 a. 피카츄

5 c. 그림자

6 a. 반조

7 c. Gauntlet

8 a. 여우

9 a. 배스 낚시

10 c. 래퍼

11 c. 슈퍼 몽키 볼

12 b. SR388

13 b. 블리비 블랩블럽

14 b. 속옷만 입은 모습